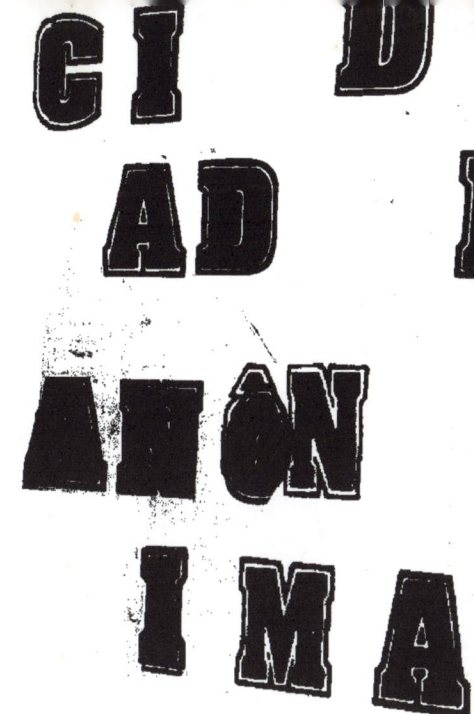

beatriz furtado

CIDADE ANÔNIMA

beatriz Furtado

Fortaleza / São Paulo 2004

Copyright© Beatriz Furtado, 2004

Capa
Transição Listrada

Projeto Gráfico
Transição Listrada

Edição de entrevistas
Ethel de Paula

Dados Internacionais de Catalogação na Publicação (CIP)
(Câmara Brasileira do Livro, SP, Brasil)

Cidade anônima / Beatriz Furtado, organizadora. -1ª ed.-
São Paulo : Hedra, 2004.

Vários autores.
ISBN 85-87328-87-5

1. Antropologia urbana 2. Fortaleza - Condições sociais 3. Fortaleza - História 4. Fortaleza - População 5. Sociologia urbana I. Furtado, Beatriz.

04-3134   CDD-307.760981311

Índices para catálogo sistemático:
1. Fortaleza : Antropologia urbana 307.760981311
2. Fortaleza : Sociologia urbana 307.760981311

2004
Hedra Editora Ltda.
rua fradique coutinho, 1139 - subsolo - vila madalena
05011001 - São Paulo - SP - Brasil
+55-11-3097-8304
editora@hedra.com.br
www.hedra.com.br

Sumário

9	Onze Cidades
12	Raimunda
18	Expedito Bezerra
24	Bigode
32	Xavier
38	Mocinha
46	Fátima
56	Glória
62	Fabrício
68	Rafael
76	Wagner
82	Pedrinho

PROJETO CIDADE ANÔNIMA

Concepção e Coordenação
Beatriz Furtado

Núcleo de Pesquisa
Alexandre Barbalho
Alessandra Oliveira Araújo
Alexandre Veras
Beatriz Furtado
Luis Carlos Sabadia
Patrícia Soares da Silva

Assessoria Técnica
Isabel Gurgel

Vídeo
Direção e Edição
Alexandre Veras
Beatriz Furtado

Assistentes (vídeo)
Marco Rudolf
Kiko Alves

Fotografia
José Albano

Edição de Texto
Ethel de Paula

Capa e Projeto Gráfico
Transição Listrada

Realização

ONZE CIDADES

(Ou um novo arquivista, como em Deleuze sobre Foucault)

Beatriz Furtado

Um novo arquivista chegou na cidade. Dizem que anda a procura das meias palavras, mas apenas das tomadas pela despretensão de verdades. Busca também os suspiros atirados pela alma, os encantos tortuosos da memória; o desafinado das vozes; vai atrás ainda de coisas de ouvir contar e das sem eira nem beira também. Interessa-se pelo que lhe parece banal: a crença nas horas que o relógio marca; a barra do ano azul, fechadinha no céu para anunciar inverno bom; a intuição de que um dia vai passar algum carro e de que vão abrir uma estrada, de tal sorte que, ao invés de esperar que o caminho apareça, se põe a brocar. Faz questão de ouvir essa gente que faz buraco no chão e põe algo para gelar.

Pois saiba, há muito o que se arquivar nesse molde. São muitos os que habitam essa vida, muito embora poucos sejam os que a percebem. A não ser, é fato, pelo incômodo que causam ao desembelezar a paisagem, dado que, é certo, lhes faltam certa harmonia. Antes pelos pequenos sonhos que carregam do que até mesmo pelo desalinho de suas vestes. Enquanto nos arquivos centrais da cidade se empilham projetos de viadutos cortando as ruas em auto-estradas, a esses por quem se interessa o novo arquivista, bastam uma maré cheia, um inverno de chuvas, para em abundância ver sair pelos cantos o Camarão, o Pitu, a Camela, a Camaroa, e até o Sossego, que ainda se acompanha do Moré, do Moré bochechudo, do moré Jorge e do Cará. Pois nas beiras dessa cidade, pros lados da Sabiaguaba, os mangues são sortidos dessa natureza. Fala-se ademais de assombrações. Visagens, coisa sem ciência.

Tem sonhos que de tão pequenos querem brincar sem brinquedo, dormir em cabana de palha, portinha de pau, coqueiro encostado. Construídos pela saudade de quando o pai encalhava na praia trazendo tapioca no forro do chapéu. Suadinha, suadinha. Essa é o tipo de anotação que faz o arquivista pensar. Ainda mais porque esse assunto traz a morte, o desaparecimento das coisas, da falta que isso lhe faz.

Para que serve tais anotações, confesso, são só boatos as explicações. De qualquer forma começa como numa história de era uma vez uma cidade e muitas cidades que nela habitavam, tantas quantas se podia imaginar. O arquivista, ele mesmo, como não encontrava pouso certo para suas inquietudes, vivia saltando de uma a outra. Umas surgiam de uma tristeza qualquer, assim no meio da calçada, de súbito. Tinham aquelas que vinham do escuro e, como miragem, aos poucos ganhavam forma, tornavam lugar de ficar. Outras tinham melhor linhagem, chegavam de um livro bem escrito, de uma fala encantada do filósofo, da música mal cantada de um Fausto.

Mas as cidades que mais chamavam a atenção do arquivista eram as que resultavam do que ele diz serem os bons encontros, as cidades infinitas que povoam todas as outras. Como essas que inventam Pedro, Glória, Rafael, Bigode, Expedito, Wagner, Mocinha, Fabrício, Fátima, Xavier e Raimunda. Onze pequenas cidades, onde, acreditam aqueles que por lá estiveram um dia, estão pedaçinhos guardados de cada um de nós.

CIDADE ANÔNIMA

RAIMUNDA

Meu nome é Raimunda, ex-mulher do cacique, vice-presidente da Associação dos Índios Tapeba e também a pajé da comunidade dos índios Tapeba. Quem comanda a tribo é o Cacique junto com o Pajé. Pra fazer a cura a gente tem a reza comum e a espiritual; que a espiritual é na umbanda, né? Isso aí eu tenho isso de nascença.

E faz trinta anos que moro aqui na comunidade do rio Ceará. Nasci e me criei na comunidade do Capuan, no Trilho, e lá alcancei meu pessoal andando tudo nu, vim me vestir de 60 pra cá, antes de 60 eu andava não despida, mas só com uma penagem na frente. Em 64 me casei, não tinha canto pra criar meus filhos, fazer meu barraco, aí vim morar na beirada do rio. Nossas casas não eram casas de taipa assim; eram só umas oca, uns pau com as paia. Eu vivi uma vida boa, uma vida tranqüila porque tinha liberdade, vivia na mata vivendo da caça, da pesca, de tudo que a terra dava fruto a gente tirava o fruto da terra, né? De 60 pra cá eu já tô criando meus filhos numa cultura diferente, não é? Converso com eles que tem que levar a tradição, porque do modo que a gente tá vivendo tá muito difícil de levar a cultura à frente, mas nós, Tapeba, com muito sacrifício, tamo levando a cultura a frente, né? Nós temos quatrocentos e sessenta hectares de terra pra ser demarcada desde 85 e ainda não foi. O governo atrapalha, político atrapalha e como é que a gente pode tirar a sobrevivência? Preservar a cultura se não tem a terra? Se não tem a natureza pra gente viver, né?

O sol parece que abaixou, é uma quentura demais, de primeiro tinha frieza agora não tem, é aquela quentura, aquele mormaço; ou é o tempo que tá abaixando ou é impressão da gente; na minha impressão eu acho, tem hora que eu olho pro céu se tá abaixando, porque é uma quentura demais, antigamente, eu num sei se é porque a gente mora num descampado, no aberto.

O meu compromisso na comunidade é cuidar dos remédios de medicina, como eu me criei, e a minha mãe era curadeira, né? Antes dela morrer passou a experiência que tinha pra mim, e aí quando ela tava rezando eu tinha aquela curiosidade de tá perto, escutando o que é que ela tava fazendo, como era que ela fazia os remédio; tudo isso eu aprendi com a educação da minha mãe; e a reza, quando a pessoa tá com quebranto, com o vento caído, com a espinhela caída eu curo fazendo as minha **ORAÇÃO**, é a Ave-Maria, é o Pai Nosso, é a Santa Maria, é a Salve Rainha... eu faço aquela minha reza e ofereço e peço força a Deus. E quando tem gente que bota um encosto, espírito mau... quando a pessoa fica amofinhada num canto, aí eu tenho que puxar a linha da umbanda, tenho que me concentrar na umbanda pra curar, pra tirar aquele espírito, aquela bruxaria, aquela doença grave que tá com mais de ano, com tantos anos que num se alevanta, que num anda...

Raimunda

De primeiro a gente curava todo tipo de doença com a medicina, não tinha médico, num tinha nada, ninguém sabia o que era remédio de farmácia e nem o que era médico, não é? Na minha época era assim na mata, a gente era curado pelo Pajé dentro da aldeia, naquela medicina; mas agora tem tanto tipo de doença que às vez nem o próprio médico descobre que doença aquele paciente tem.

Acho que o tempo, os astros, o sol, a lua, acho que isso é a vida da gente, não é? A gente véve neste terrestre, a gente véve pra natureza, pelos astros. Eu acho que o tempo é a vida da gente, quando o tempo vai passando a vida da gente vai diminuindo. Eu acho que o tempo é a vida da gente, eu acho. Tô achando que o tempo tá passando mais rápido agora. Quando eu era mais nova, na minha mente, o tempo custava, os ano custava a passar mais, porque quando a gente tava na aldeia, né? Não sei se é porque a gente vivia dentro da mata, só se preocupava a ir de manhã cedo buscar o quê comer da terra, ajeitar as suas lanças, as suas jangada, sua lança pra ir pescar, pegar seus peixes, pegar suas caça, né?

Eu me baseio pelo sol, as horas. Quando é doze hora a gente fica em pé, a sombra da gente fica bem normalzinha. É porque uma pessoa nascida e criada dentro da mata, a pessoa tem uma visão mais diferente e sentido diferente de vocês que são acostumado com relógio, com esse tipo de coisa, o sentido de vocês é um, o meu é outro, o pensamento de vocês é um, o meu é outro diferente. Vocês pensam em entrar o ano-novo é comprar nova, é isso aquilo outro, é ajeitar as coisa pra bebedeira; meu pensamento é outro. Meu pensamento da passagem de um ano pra outro é de tá com saúde, minha família tá com saúde; se eu tiver um café pra beber, bebo, também se não tiver na passagem do ano rezo, faço as minha oração e vou dormir, tudo do mesmo jeito.

Acho que é devido os espaços, o descampado, a coisa mais aberta, na mata a coisa era mais fechada, era mais escura; tudo na mente da gente custava a passar. Mas eu acho o quê mudou foi o povo, não é o tempo, não é os astro, porque todos os dia é coisas horrível, morte, e antigamente eu num via esse tipo de coisa.

Antigamente quando eu vim morar aqui, já tá com trinta ano que eu vim morar aqui, essa água era bem limpinha, a gente via a areia embaixo de tão limpa que era, a gente via o camarão, a gente via o peixe, e agora a gente num vê nada, nem camarão, nem peixe, nem nada aqui tem, eles vão pescar na Barra do Ceará, naquela outra ponte que tem lá, eles sai

de manhã e chega de noite, eles vão pegar caranguejo, camarão, siri, tudo é pra banda de lá, aqui num presta mesmo; a poluição é muito grande do rio; eles param acolá meia-noite e joga cachorro podre, porco podre, quando amanhece chega tá boiando, aí os indio pega a canoa e vai pegar aquele saco de imundície pra botar no mato longe.

A dança do toré ela é uma dança sagrada. A dança do toré pros índios é a vida, é a paz, é tudo, porque naquele momento que a gente tá no toré, todos os índios reunidos ali, tudo de mão dada dançando o toré tudo com um pensamento só, né? A dança da chuva ela é uma dança que tem que fazer uma reza, a gente faz as nossa oração, é oferecida a Senhor São José que é exatamente o dono da chuva. Tudo que a gente pede com fé a gente alcança. Apesar de nós num ter mais a terra pra plantar, o bom tempo ainda é a chuva, porque mesmo nós morando na beira do rio com a água carregando as nossa coisa, mas o rio fica limpo; aí os índios toma banho dentro, lava as roupa dele, pega os peixe por aqui. Pra nós o bom tempo é a chuva mesmo, o inverno é que é o bom tempo pra nós. O verão pra nós num influi nada porque mesmo nós num tendo a terra pra plantar. A minha experiência do inverno é na estrela Dalve, na passagem do ano e na barra do ano. Quando ela forma, ela forma bem azulzinha, a barra do ano, e quando não tem inverno ela vai subindo, com uns raim amarelim. Quando ela sai com aquele raim o inverno num é bom não, agora quando a barra sai bem fechadinha, aí o inverno é bom. A estrela Dalve no verão sai bem aqui na beira do rio! Eu sei por ela do ano quando chove.

Aqui no meu pensamento, o que eu acho que a gente tem que fazer com pressa mesmo, é a demarcação de terra, isso é uma pressão grande que a gente tem que ter mais rápido, mais ligeiro, porque tá se passando o ano mais ligeiro, tem muita criança aparecendo, né? E a gente deve ser mais lento é na paciência, ter calma, sem negócio de violência, isso aí a gente tem que ter muita paz, muita calma, muita paciência, tudo tem que ser devagar, tudo isso aí a gente tem que pensar.

Eu num ando em Fortaleza, eu num sei nem andar no Centro de Fortaleza, se eu for eu me perdo. Eu passo dois dias lá mas peço a Deus que aqueles dois dias passe bem rápido que é pra eu vir me embora; porque lá é muito som, é muita coisa, muita zoada e bota som de um canto, bota som de outro. E quando eu chego em casa passo o resto da tarde todo dentro do mangue, que eu num gosto de zoada. Eu vou pro mangue pra fazer os colar, porque eu procuro a sombra do mangue por causa da zoada, é para trabalhar mais tranqüila, mas eu

Raimunda

também pesco; eu pego caranguejo, eu pego siri, aratu, camarão, eu pesco de mão, eu pesco de tarrafa, com rede. O mangue traz calma, traz paz, traz felicidade pra minha pessoa, eu me sinto tranqüila dentro do mangue; num sou agitada, num gosto de briga, mas dentro do mangue eu me sinto cada vez mais calma, porque na minha mente ali dentro daquele mangue tudo de bom tá ali, tudo que é bom o vento bom traz, aí eu fico bem leve, muito bom.

Tem muitas coisa dentro do mangue, mas é porque o mangue é cheio de visagem mesmo, né? Devido pescador que morre, tudo. É choradeira, o pessoal conversa, acha graça, tosse; mas eu num tenho medo não, porque quem morre num faz medo a ninguém, quem faz é vivo, né? De primeiro o pessoal matava pessoa e jogava dentro do mangue, cansei de pescar e nós achar gente morto dentro do mangue, e nem era afogado, era morto de faca, às vez de bala, polícia mesmo matava e soltava na boca da barra e vinha arrastando de lá pra cá; cansei de arrastar a rede, jogando tarrafa na rede e vir defunto na rede. Eu já vi dois homem na beira do rio, de costa, e eu mostrava pro meu marido e ele dizia que num tava .

EXPEDITO

Meu nome é Expedito Bezerra. Trabalho na agricultura e trabalho de motorista. Faço três viagem por semana aqui pra Fortaleza, tá com 28 anos. Aí a gente trabalha na agricultura e trabalha dirigindo carro, que motorista profissional é quando o sujeito é empregado, eu nunca fui empregado de ninguém. Nasci no Baixio na extrema do Ceará com a Paraíba, mas desde 1952 que moro em Baturité.

Comecei fazendo lotação, hoje só faço frete, porque devido ter aumentado o número de topiqueiro na estrada, não combina mais. Hoje nem dá pra empresa nem dá pra topiqueiro, nem pra ninguém, devido a dificuldade que é carro demais e pouca gente.

Quando comecei era muito deferente, tinha pouco carro, o povo tinha mais responsabilidade. Hoje as pessoas trabalham com muita violência no trânsito. Desde quando soltaram um monte de moto no trânsito ninguém tem mais tranqüilidade, porque a moto atrapalha muito a gente, é um pessoal que a maior parte não entende de trânsito.

Na direção, a gente tem mais um tempo de pensar. Porque tem mais tranqüilidade. Você vai fazer uma viagem mais longa, tem mais tempo de pensar um pouco. Na estrada vai com a cabeça mais tranqüila. E a gente trabalhar dentro duma cidade é diferente da cidade onde o trânsito é mais agitado, num dá tempo pra ninguém pensar, num dá tempo de pensar na vida; a gente pensar em segurar a normalidade da gente pra num barruar, pra ninguém barruar na gente, aí num dá pra gente pensar uma coisa melhor, uma coisa boa... Quando tá aqui num instante as horas se vão. Eu só ando devagar, minha marcha é 80 pra baixo, no máximo, aí daqui pra Baturité dá 100 Km. Meu carro anda mais é pesado, é um carro que não dá pra andar com velocidade. Eu já tenho 35 anos de motorista. Já trabalhei em caminhão. Andei em muitas estradas do Brasil. Andei no Paraguai. Mas hoje é muito diferente.

Tem carro com **220** Km, pelo menos aquela Pampa. Eu acho uma extravagância. Num dá pro cara andar desse jeito. Num dá pro cara andar, só se o cara pegar uma BR... mas as **BR** hoje tá tudo lotada de carro, o cabra andar com 200 Km!? Num dá tempo. Porque tem o cara que vai na frente. E o cara que vem atrás?! E o animal ou outra coisa que aparece?! Um pneu estourar, onde é que o cara vai parar?!! Num tem condições. No máximo 120 Km, qualquer carro. Uma viagem longa num carro com 120 Km ainda dá pra andar, mas já prum topiqueiro, pra topique andar com 120 Km com 15, 20 passageiro, aí num dá. Eu acho muito perigoso. Ora, eles bota porque é a tendência do cara. Aí a cabeça do cara é quem vai marcar porque num tem o idiota? O idiota faz essas coisas, mas o cara que tem inteligência num vai fazer um negócio desse, arriscar a vida dele e dos outros. É onde gera a violência do trânsito é sobre a velocidade. Se você andar com 80 Km, um pneu desse baixar você ouve logo, aí você vai evitar o carro virar, ou barruar, ou sair fora da estrada... tudo isso.

Expedito Bezerra

Eu plantava milho, feijão e algodão. De 50 a 70 trabalhei só na agricultura, 20 anos, porque meu sogro tinha um terreno e depois eu vim pra Baturité e fiquei plantando; a gente trabalhava como trabalhador plantando, aí trabalhava no sertão e trabalhava dos dois modos: guiava o carro três dia e administrava minha agricultura. Certo que ainda hoje eu planto ainda, tem um pedacinho lá que eu planto. A gente tem que gostar de todos dois. A agricultura é bom também, mas quando eu comprei carro aí o pessoal é quem manda na gente: "bora!" Aí o jeito é a gente ir.

Tudo é de fábrica. Só o motor que é da D10. Na época não dava pra gente usar o motor a gasolina porque o motor desses carro são grande, é 6 cilindro, é pra 160 Km. Aí num dava pra ir a gasolina porque era cara. O modelo dele é esse aí, de fábrica; aí é a chevrolet alvorada 3.100, o número é 3.100 dela. Aí foi fabricado só 150 carro desse no Brasil, aí mudou pra C14. De C14 para C10. Aí mudou pra D20, D10. Aí a diferença que tem é o modelo de frandagem. Esse aí é a mesma D10, D20, num tem problema. Posso contar que eu já peguei ele em 81.

Quem eu num conheço o povo me conhece mode o carro. Ando na estrada, eu tenho uma moça de 17 anos que estuda no Juvenal de Carvalho, aí ela vai mais eu, e o povo só acendendo as luz: "papai, o carro vai com algum defeito, as luz acesa?" "Por que minha filha?" "Todo mundo que passa acende as luz pro senhor?!" Eu digo: "milha filha, é porque me conhece. Me conhece pelo carro". Eu fui pra Paraíba nesse carro, minha família é toda lá. Eu dei 3 viagem, fui aqui pelo Icó, aí a polícia federal me parou umas três vezes pra perguntar o ano do carro, pra olhar o carro.

Desde quando fiz uma entrevista com a TV Diário que o pessoal ficaram... ontem mesmo em Mulungu, parei o carro e o cara disse: "ói rapaz, o carro que tava passando na televisão! É esse aí?!" Eu digo: "É". O que admira mais é o carro com 39 anos rodando, nunca parou, rodando esse tempo todo. É o carro que é antigo que roda direto. Eu só boto peça nova.

Eu sinto, até mesmo se tiver um problema de deixar ele num canto e quando eu abro a porta da garagem e num vejo o carro, pra mim é mesmo que tá faltando uma pessoa dentro de casa porque é um horror de tempo que a gente convive junto, aí eu acho que não dá pra separar, pra eu vender.

Eu num tenho muita leitura mas educação no trânsito é a coisa mais bonita que tem, pra gente e pros outros. Se eu chego numa faixa de pedestre, tem dez pessoa vexada, eu páro, o cara buzina lá atrás, eu deixo eles passar. Eu acho que eles têm necessidade de passar ali, mas tem gente não, que taca por cima do pedestre. Aí num dá certo. Aí é desumanidade.

Falta de educação, essa correria. Rapaz, se o cara ficar o bicho pega, se correr o bicho come, como diz a história do matuto, aí então se você vai ligeiro você pode barroar num. A gente tem que ter a normalidade, nem dá massada e nem avançar, porque avançando é violência e a gente tem que levar normal pra todo mundo viver.

Porque a gente até os 50 anos acha que nada tá se passando na vida, vai levando aquela normalidade, mas depois dos 50 anos pra frente, macho, os dia passa mais ligeiro pra gente; porque a vida do homem , o cabra viver 80 ano eu acho que é ano como todo, tá bom aí mesmo. Mas ninguém quer morrer também, a gente tando com saúde, né? Mas 80 anos é normal o cabra morrer.

O cara que tá olhando pro tempo acontece as vez do cara tá pensando numa coisa que tá pra fazer ou que já fez errado, ou vai fazer de bom ou de mal, o cara tem que pensar um pouquinho, porque o cara que não pensa é um débil-mental total que num pensa em nada. Se o sujeito tá com vontade de fazer uma coisa certa a gente tem que pensar, porque a coisa errada num dá pro cara pensar não, o cara fazer uma coisa errada é no momento. Como é que o sujeito tá mais outro e mata o cara? É porque ele num pensou, se ele pensou num vai fazer uma coisa dessa, errada. O erro num dá tempo o cara pensar não, parece que é premeditado pelo demônio. Agora a coisa certa a gente tem que imaginar, planejar pra poder fazer, mas o erro não, o cara fica nervoso e faz as coisa errada, é como a droga, é como a bebida que gera a coisa ruim; eu penso isso, eu acho que seja assim.

E eu vou lhe dizer uma coisa, o homem que vive 50, 60, 70 anos e num tem uma instrução de vida, num adianta viver, porque cada mais dia você vive, mais você aprende. A gente tem que ter isso na vida. Aí você hoje levar uma reclamação e amanhã levar reclamação da mesma coisa, eu num acho certo não.

BIGODE

Bom gente, meu nome é Amarilio Rebouças Carlos, sou filho da cidade de Russas, precisamente nascido no distrito de Flores que é um distrito que fica entre Russas e Limoeiro, meu documento é como se eu fosse filho de Limoeiro porque eu nasci no mês de janeiro, era no inverno e o acesso pra Limoeiro era melhor do que ir pra Russas e eu fui registrado em Limoeiro. Pra ir pra Limoeiro o meu pai num ia atravessar nenhum rio e pra vir pra Russas ele teria que atravessar dois rios, o rio Quixeré e o rio Jaguaribe. Então nasci lá, me criei em Russas, tive uma temporada em Limoeiro estudando no Liceu de Artes e Ofício da Arquidiocese da cidade de Limoeiro. E vim pra Fortaleza trazido por um gerente de banco chamado Estélio da Conceição Araújo, ele foi transferido pra cá e me trouxe como office-boy. Cheguei aqui, ele foi transferido pra Maranguape, eu não queria ir porque queria estudar e também queria realizar um desejo da minha mãe que era ser um militar da Aeronáutica. Entrei, me preparei, fiz o curso, fui um dos primeiros colocados aqui do Ceará na época, e fui pra Guaratinguetá, Estado de São Paulo. Por ser escola de sargento não cheguei a terminar porque naquela época era muito concorrido. Inventaram que eu tinha o coração do lado direito, num exame médico lá o médico disse: "ó, esse cara num pode tá aqui porque tem o coração do lado direito". E até então não sabia, num sentia nada no coração como ainda hoje num sinto, só sinto que ele bate, pulsa como outro qualquer, mas aqui em Fortaleza o doutor Eldon, um médico famoso do Hospital de Messejana, disse que eu num tinha coração do lado direito coisa nenhuma, eles queriam mesmo era a minha vaga pra dar pra um carinha lá qualquer.

O que eu sei hoje de engenharia industrial, mecânica e metalúrgica, devo a Escola Técnica, que na época era conhecida por Escola Industrial. E quando terminou a década de 80 começou as motos se sofisticarem e mecânico cair de moda, hoje em dia os mecânicos são mais trocadores de peça, porque as motos são tudo eletrônica aí a pessoa tem que ser mas técnico em eletrônica do que propriamente o mecânico. Então comecei a cair fora, como eu já tinha experiência da Escola Técnica em tornearia mecânica, em serralharia, nessa parte de mecânica industrial, aí comecei. Comprei um torno mecânico na época do plano cruzado que, dizendo-se de passagem, o plano cruzado dizem que foi ruim pra muita gente, pra mim foi bom, que quase todas as máquinas que eu tenho hoje eu consegui nessa época. Selecionei os clientes, só faço aquilo que dá pra mim fazer só, trabalho em vária áreas da mecânica industrial, também a parte de metalúrgica e moto. Se aparecer uma moto e o cliente me convier, tipo meu amigo Zé Albano que eu num deixo ele, nem ele me deixa, e é aquele cliente soutien que é o cliente do peito. Diz o povo aí, os humoristas da vida, que só existe dois amigos do peito: é soutien e vick vaporube. A negrada diz que eu sou, "o Bigode é doido, faz de tudo", faço, faço muita coisa, tudo eu entendo um pouquinho, até agora a única coisa que eu num inventei de mexer e nem de operar foi computador, porque não chegou a hora, mas na hora que eu quiser, eu faço um curso, ou fico de lado de uma pessoa operando que eu aprendo, é só eu querer, é só uma questão de tempo. Porque hoje computador tá tipo gás Butano, tá direto na vida de uma pessoa, mas eu ainda estou nas antigas, se eu faço um orçamento, um cálculo, eu gosto de ir pra caneta que pelo menos eu não esqueço as operações matemáticas e com calculadora eu tenho um grilo: uma vez paguei uma multa a prefeitura porque calculei um imposto de uma nota errada. Aí eu falando com o meu contador ele disse: "é só você ir pro lápis, tire a prova que você tem certeza". "Rapaz você tem razão, mais do que razão".

Eu gosto mesmo de fazer é aquilo que ninguém faz, o camarada fazer um troço que todo mundo faz, vou ter que concorrer às vezes até com pessoa desonesta, é o caso que tá acontecendo com mecânica de moto. Eu fiz um troço tipo um teleférico numa fazenda de um doido ali na praia do Batoque, ele tinha uma casa em cima de um morro e tinha uma lagoa lá embaixo e a mulher dele tinha um problema de artrite nas pernas, as pernas meio enferrujadas. Ele: "Bigode, você se vire e crie um troço pra minha mulher descer e subir". Então criei um teleférico lá, mandei construir uma pilastra de cimento, uma base, e um motor elétrico, motor trifásico, uns cabos de aço com sistema de moitão e uma cadeirinha. Agora, tinha que ter um contrapeso, já que o motor não ia nem voltava, então eu bolei um teleférico na base da gravidade, a cadeira que descia com ela tinha uma pedra num negócio que ia substituindo a força, voltando, entendeu? Quando ela queria subir, ela destravava lá uma pecinha que eu fiz e a pedra servia de pêndulo descendo o morro e subindo o peso dela. Rapaz, eu num sou burro não. Foi quando eu vi que era do bom mesmo inventando essa frescura. Eu inventei uma espécie de elevador pra cacimbão de sítio, um cidadão me procurou dizendo que estava tendo um problema sério com um motor bomba pra agüar o capim lá da vacaria dele, porque o funcionário esquecia, ele não ficava pastorando, o motor ia puxando e a água ia descendo, daqui a pouco a mangueira tava fora e o motor rodava a seco e queimava a parte elétrica e danificava a bomba.

Eu nunca registrei nada, máquina de descascar batata quem inventou fui eu lá na metalúrgica, aliás eu fiz pra descascar chuchu, depois nós fizemos uma invenção lá com umas folhas de lixa, ela serviu pra descascar a batatinha, inventei aqueles chuveirão grande pra pessoa tomar banho antes de entrar ou sair de uma piscina, também foi invenção minha, depois eu inventei um com uma ducha no meio, era um jato de água no meio e chuveiro ao redor, funcionava os dois se quisesse ou um de cada vez, mas nunca registrei nada, muitos advogados amigos meus:

"Rapaz, registre e tal que você pode vender a patente". Eu disse: "Eu não, se o cara copiar, eu vou ter o prazer de chamar ele de burro, porque ele não teve a idéia de inventar, ele copiou a minha". Então, se eu cismar eu faço uma melhor de que aquela que eu já fiz, eu aperfeiçoo. O mulheril tira tanta sobrancelha que daqui um pouco num nasce mais, aí eles vão ali pro gabinete e lá tem uma maquininha tipo aquelas de tatuagem e tem uma pontinha lá que se desgasta porque ela tem uma agulha, é 3 em um, é 3 pontas com um tronco só e aquele tronco dá problema na parte fixa e eu vivo consertando isso, então a peça pequena tem que ter paciência pra fazer, a grande não, é melhor de fazer. Agora, a pequena tem uma vantagem: é uma peça mais cara. A pessoa às vezes reclama: "mas Bigode, uma peça tão pequenininha!". É o trabalho que dá, machuca dedo, sabe? Tem que ter saco. É tipo ourives; o protético que faz aquelas coisinhas da boca... A peça grande é uma beleza, por exemplo pra gente fazer um corrimão de um prédio é uma beleza, como agora eu fiz ali no prédio da Maçonaria, corrimão todinho de latão, depois de polido você jura que é ouro. Então, quando você entra no corredor que vê aquele negócio pensa que tá num filme do James Bond.

O tempo pra mim depende do que eu vou fazer. Se eu for ler, eu gosto muito de ler principalmente se for coisa antiga, fundação de Fortaleza, coisa tipo Raimundo Girão, tudo do Raimundo Girão eu já li, historiador, Barão do Studart, Jader Carvalho, esses escritores cearenses que mexe com coisa antiga de Fortaleza eu já li todos e os que vão aparecendo eu vou lendo. Se eu for fazer uma peça e o cliente tiver muito apressado aí eu começo a contar piada, enrolar ele, porque eu não gosto de vexame. No dia-a-dia mesmo eu sou um cara assim mesmo agoniado, mas é só por fora, por dentro eu num quero nada com vexame porque a pressa é quem tá acabando com a humanidade, deixando todo mundo estressado. E se eu estou aqui vou comprar um parafuso ou uma peça numa autorizada Honda, eu posso tá morrendo de vexado, mas saio bem devagarinho no trânsito, esqueço o que eu estou fazendo; meu problema agora é com o trânsito, nada de correria porque pelo tempo que eu já trabalho com moto já deu pra eu aprender o que é a pressa. A pressa só vai me levar pra quatro cantos: cadeia, eu posso atropelar um e matar, às vezes até inocente porque a justiça é podre; hospital, cemitério ou cadeira de roda. Como eu só quero ir pra um, mas daqui uns dias, que é pro cemitério.

Eu viajo muito de moto, gosto muito de ir lá pelo interior visitar meus amigos conterrâneos lá de infância, aí chega um aqui de repente: "Vai pra onde Bigode?". "Eu vou pra Russas, tomar umas caninhas lá pelo interior e tal, principalmente agora que tá na época da cajarana". Bom, então: "que horas tu chega?". "Num sei, só marco hora de sair". Eu posso chegar daqui a um mês, dois meses, uma semana, num tem pressa, que eu passo na casa de um, na casa de outro, se tem um buraco d'água eu tiro a roupa, pulo dentro, vou tomar banho, se tiver gente pra conversar fico conversando. Semana passada criei um troço pra subir cavalo em caminhão, esse povo que anda com caminhão nas vaquejadas, anda com uns animais dentro de um caminhão e tem uma rampinha que é a própria tampa da gaiola, como chamam, mas já os cavalos de vaquejada eles já mandam fazer as unhas dos cavalos, fazer uns desenhos umas frescuragem de lá e o cavalo desliza e ele bate com o joelho na tampa porque ela tem umas madeiras pra servir de degrau; aí um amigo meu tava falando desse problema e eu disse: "por que não cria um sistema de elevador, pra botar uma alça no cavalo, tipo essa alça que a gente põe em cachorro?". "Mas como é isso?". Eu fui e rabisquei, mostrei pra ele; ele gostou, eu fiz e já estou com uma encomenda de dois.

A invenção é a necessidade. Os melhores relógios são Suíços, então por quê que é Suíço? Porque lá é seis meses quente, seis meses frio, quando tá no frio o cara num põe o nariz fora de casa que congela, então ele fica ocioso dentro de casa e vai inventar uma coisa; então eles passaram a inventar relógio. A história do relógio Suíço é essa a necessidade de terapia do cara tá fazendo alguma coisa. Eu num invento por nada não, se eu num tenho o que fazer eu vou ler ou ouvir minhas músicas que eu gosto de ouvir, certo, boto minha redinha aqui, cruzo os pés e vou ler o livro que eu leio, trago da biblioteca da Maçonaria. Eu leio muito. Eu num invento que nem o Santos Dumont que tava sem fazer nada e criou um avião. Eu nunca criei nada assim, o que eu criei assim quase de estalo... Eu andando lá na beira mar de moto e eu vi a dificuldade que um cidadão tinha, ele tinha um triciclo daqueles de Volkswagen grande e ele só tinha a perna esquerda e a própria bengala que ele se apoiava usava com perna pra acionar os pedais. Aí eu olhei assim, achei aquilo tão esquisito, tão incômodo no trânsito, aí fiquei na minha. Houve um leilão de uma firma aí e tinha um triciclo desses no meio e eu arrematei esse triciclo e criei, botei os pedais tudo para um lado, eu usei a técnica de ponteiro de relógio que tem um eixo dentro do outro, então o eixo interno acionava um pedal e o externo acionava o outro pedal. Então criei esse triciclo mas deixei os pedalzinhos do outro lado direito lá e peguei o triciclo e fui mostrar o cidadão. Ele adorou, ficou doido pela invenção... Ele já tinha vendido o triciclo velho dele e comprou o meu, nós fizemos uma troca doida por uma banca de revista e a banca de revista eu transformei em carro de guaraná.

Bigode

Eu olhando prum bicho bom aqui na rua, bati com uma cara no poste e arrebentei um dente e fui no dentista, todo gabinete de dentista é um ambiente pequeno e era uma parafernália de fio, e essas cruzetas de raios-X, de foco de luz, de cuspidor, e mais a cadeira, mais a estufa, mais num sei o que e eu fiquei olhando assim... E ele mais a assistente dele se batiam pra lá e pra cá. Aí eu disse: "Roberto, (o nome dele é Roberto Balboa) vamos criar um troço pra tirar essa parafernália daqui do meio do teu gabinete?". Ele disse: "Como é que a gente faz?". "Roberto, é o seguinte: vai ficar o cuspidor aqui, mas daqui eu vou puxar uma base, um ferro, esse mesmo ferro vai segurar o foco de luz e os raios-X". Então, dei uma olhada no visual passei aqui pra caixa preta e quando eu cheguei aqui rabisquei a cadeira, desenhei mais ou menos, comprei o material, fiz, muito bem acabadozinho tem o troço que vai trabalhar na parte de saúde, tem a esterilização, tudo que você faz tem que ser lisinho pra não acumular bactérias. Então, fiz e deu certo. E o troço pegou que eu já fiz pra mais de 200 dentista, vem dentista do Piauí, quando dá fé um telefona: "Bigodão, eu estou precisando daquela peça que você fez".

Pra mim existe muita coisa bonita que o ser humano fez como o avião, aperfeiçoou o navio e tal, essas coisas assim, foguete, esse tipo de coisa eu acho importante, agora uma coisa, num sei por quê que na minha concepção uma coisa que eu acho muito importante é um fax, o computador eu sei que é um troço muito importante, mexe com o mundo todinho. Mas eu tinha um problema: comprava peça de São Paulo, vinha as duplicatas pelo correio, eu pegava lá, o banco não repassava o dinheiro pro cliente, daqui a pouco o cliente ligava reclamando e eu tinha que ir na rua tirar xerox da duplicata, autenticar e mandar pelo correio. Nisso eu perdia um expediente e o fax achei um negócio bonito, você mete o papel aqui, sai do outro lado do mundo o mesmo papel, acho isso impressionante, como sistema de comunicação é muito importante. Esse aceleramento das coisas, primeiro, vai deixar todo mundo doido e todo mundo desempregado, você vê muito nesses documentários das televisões da vida, primeiro a indústria Volkswagen que é uma das pioneiras aqui do Brasil, se trabalhava mil operário, hoje em dia trabalha 500, os robôres. Tá certo, melhorou pra humanidade que tem aquele da doença profissional, o camarada trabalhava com solda, pegava ressecamento de pele, problema de vista, de voz, que aquece o esôfago e tal. Foi muito bom por essa parte, mas desempregou.

XAVIER

Meu nome é José Duarte Xavier. Sou agricultor do interior. A vida da gente no interior era tão diferente de hoje em dia, hoje eu já digo assim, eu chamo o tempo antigo, nosso tempo, quando eu era criança, era tempo da finada fartura, a gente não tinha o dinheiro, mas tinha tudo dentro de casa. Se queria comer um queijo tinha em riba do caixão, caixão cheio de farinha, caixão de rapadura, tudo tinha, dinheiro que era difícil da gente arranjar, né? Mas tinha de tudo, se queria comer um bicho, tinha pra matar, era uma vida boa. Quando eu era menino, pra vir aqui, ave Maria, era um sufoco do mundo, vinha de trem, era o dia todinho, agora uma hora tá lá no meu interior, de carro, de ônibus, de topic, não falta nada. A diferença é essa, né? Ave Maria... era muito diferente, por isso que eu digo do tempo da finada fartura. Não é nem o tempo, é o povo, que naquele tempo tinha pouca gente, antigamente. Hoje em dia tá tudo cheio de gente. Quando cheguei aqui em 58, aí na 13 de maio, só tinha umas três casinha pra li e a igreja, em construção. Hoje em dia como é que tá o movimento. Eu tava aqui e ia lá pra praça da estação de pés, ia da 13 de maio de pés, com uma sacola na cabeça, pesada, chegava. Agora não, a gente não vai de pé porque tem transporte, tem facilidade à vista do outro tempo, do tempo atrás...50, 60 ano... Há o tempo da. matutagem, agora o tempo é outro.

Antigamente era até bom, aparecia muito freguês de fora. Agora, em todo canto que a gente anda vê horta. Fico por aqui só... apurando o que eu vendo aqui, e pronto, não tira pra fora não. Porque antigamente a gente botava pra mercantil, chegava aquele dono de mercantil, comprava, rapaz quanto é um canteiro desse, ele comprava agora ninguém vê mais isso, não aparece mais não, só retaim que vende, os pouquim. É só o coentro, cebola e alface, eu planto mais só isso. Viu acolá debaixo do viaduto como tá de cebola também. É porque não tem venda, aí chegou o tempo de tirar, tem que tirar o que tá perdido. Por isso que o tempo tá ruim pra gente viver, ninguém tem venda, tem preocupação. Fica tudo aberto, eu saio daqui me benzendo, entregando a Deus, né? Saio daqui, tomo banho e fecho a barraquinha ali, passo a mão nos gatinho ali, e sai rezando até chegar no portão, benzendo, entregando a Deus minhas coisa, que Deus tome de conta pra noutro dia tá no mesmo jeito. Tem dia que a gente tá aqui, só essa zoada de carro, tem dia que a gente fica com a cabeça grossa, já vem andando de ônibus de lá pra cá, aquela agitação, o ônibus cheio, aquilo outro... quando desce a gente chega aqui vem esfriar a cabeça, quando chega encontra uma coisa errada, aí pronto, aí fica agitado, as coisa que agita é isso. Eu acordo 4:30, 5:00, lavo o rosto, aí vou fazer exercíciozinho, eu faço ali meia hora, tomo um cafezinho, aí vai embora 6 horas. Sufoco é pegar ônibus, tudo lotado. Aí que começa a luta mesmo. Quando chego, já tem gente esperando tirar uma verdurinha pra qui, pracolá. Um vai aguar, o menino vai estrumar, vai fazer canteiro, vai plantar isso... A vida é essa...é o dia-a-dia da gente é esse. A minha folga é de domingo da meio-dia pra tarde, somente, 11:30, 12h eu to saindo daqui. Também eu passo tarde em casa toda deitado, descansando. Já to com 63 anos, fiz agora dia 9 de julho. Dia-a-dia é isso aí, a gente ficando mais cansado, nós todo, né? Queria que Deus me ajudasse, queria arranjar assim...arrumar um negócio pra eu ir morar no interior, um cantinho bem descansado, comprar um terrenozinho, pra viver despreocupado, em silêncio. Ninguém dorme sossegado, só pensando: meu Deus, será que vai amanhecer lá direitinho, meus bichinho lá, meus gatinho, tudo isso eu penso.

A coisa melhor que tem na minha vida é silêncio. Por que quando eu chego em casa, tardezinha, lá no meu quintal, armo uma rede, numa área que eu fiz lá, pronto, ninguém, vai lá. Eu fico tranqüilo, não tem zoada de nada. Eu quero é silêncio

O tempo é a passagem da gente no tempo, ficando, mudando todo tempo. Antigamente, chegava aqui tinha pouca casa, agora tem muita. É o tempo mudando, o povo mudando tudo, né? Tempo é o movimento que muda, né?. Até o sentido da gente muda, por causa desse movimentão grande, antigamente ninguém via esse movimento, que hoje em dia tem, até isso a gente fica com a cabeça pesada, de ver tanto movimento, tanta zoada e antigamente não tinha, porque o pessoal antigamente aturava muito, tem muita gente aí até durando cem anos, porque tinha tranqüilidade, não havia muita preocupação, né?

Tem dia que a gente tem tanto o quê fazer, que, diz, há se o dia fosse maior, mais comprido, mas não, aí é que a gente tem mais o que fazer, é que o dia fica mais curto. Só por causa do trabalho da gente. Se você tem muito serviço pra fazer, aquele dia fica curto. A gente tá em casa só, sem fazer nada, o dia custa se passar, né? O tempo que a gente queria que tivesse mais tempo é o tempo antigo. Parece um tempo mais.calmo.. Agora não, é muita gente, muito transporte, esse movimento todo, aí...tudo fica mais agitado. Hoje em dia o tempo tá muito ruim da gente aprender as coisa, por causa da agitação do povo, dos outros, fazendo zoada.

É muito bom trabalhar com as plantas, porque você fica ativo com tudo no mundo, a planta é viva, igual a povo, se você cortar um pé de pau, quebrar uma folha sai um leitinho, aquilo é o sangue, como se a gente levar um golpe sai o sangue. Quando morre acho que ela sente, se a gente não agoa aquela planta, ela tá com sede... às vezes a pessoa não presta atenção aquilo que tem. em casa, uma planta, um bichinho que você cria em casa, você tem que tratar ele bem.

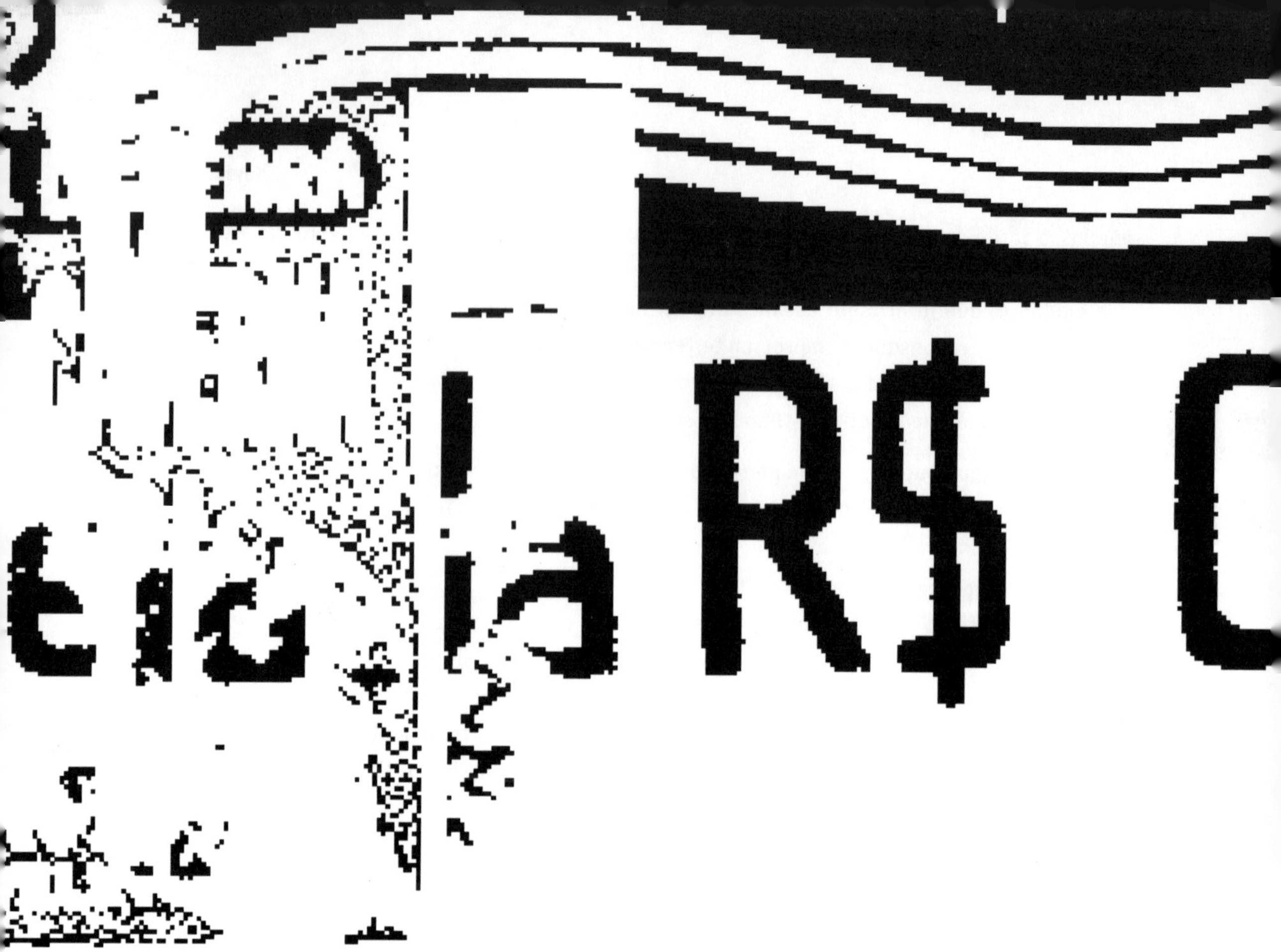
R$

Xavier

Você planta um pé de planta tem que ter paciência com ele, ajeitar, se não ele não pega, todo dia você vai lá, olhar, botar aguinha, e isso a planta gosta que a pessoa faça com ela, carinho. Se tem uma folhinha seca, você vai e tira aquela folhinha seca, bota um adubozinho na planta, pra ela ficar forte.

A gente tem que ter paciência, precisa ter paciência com o trabalhador, ter paciência com a pessoa que chega freguesa, aqui, eu quero isso assim, assim, ligeiro... Eu digo tenha paciência meu filho, tá avexado, tenha paciência um pouquinho, que a gente vai despachar todo mundo. Pouca paciência faz a gente ficar mais...velho ligeiro, cabeça, cabelo branco na cabeça, é isso que a pessoa fica logo. Preocupação é que acaba com a pessoa, a pessoa fica debatido. O juízo da pessoa sente aquilo também, o corpo da pessoa sente aquilo. Eu pretendo, daqui mais uns três, quatro ano, se eu me aposentar, diminuir o trabalho, pra ver se eu atura mais uns dia. O corpo da gente não pode parar duma vez. A gente tem que tá movimentando, todo tempo, embora você queira parar aquele serviço.

Temperatura do tempo também modifica as pessoas... o tempo bem frio, bem calmo, a gente ta bem tranqüilo, né? As vezes, você ta assim no sol quente, chega em casa no sol quente, aperreado, a gente fica sufocado, a gente só melhora quando a gente esfria o corpo, quando toma um banho, janta, vai deitar, fica tão tranqüilo, há aí é outra coisa, aí a mornalidade se volta tudim... Você não pode fazer nada muito apressado não, a gente fica perturbado. Tem que fazer as coisas na calma, se não ninguém faz que preste... o coração da gente não pode ficar agitado. Vê: se você perturba o coração, a gente tem um medo, bota a mão, o coração fica pá, pá, pá, batendo apressado. A calma tem que ser de dentro pra fora. Não é nem de fora pra dentro, né?

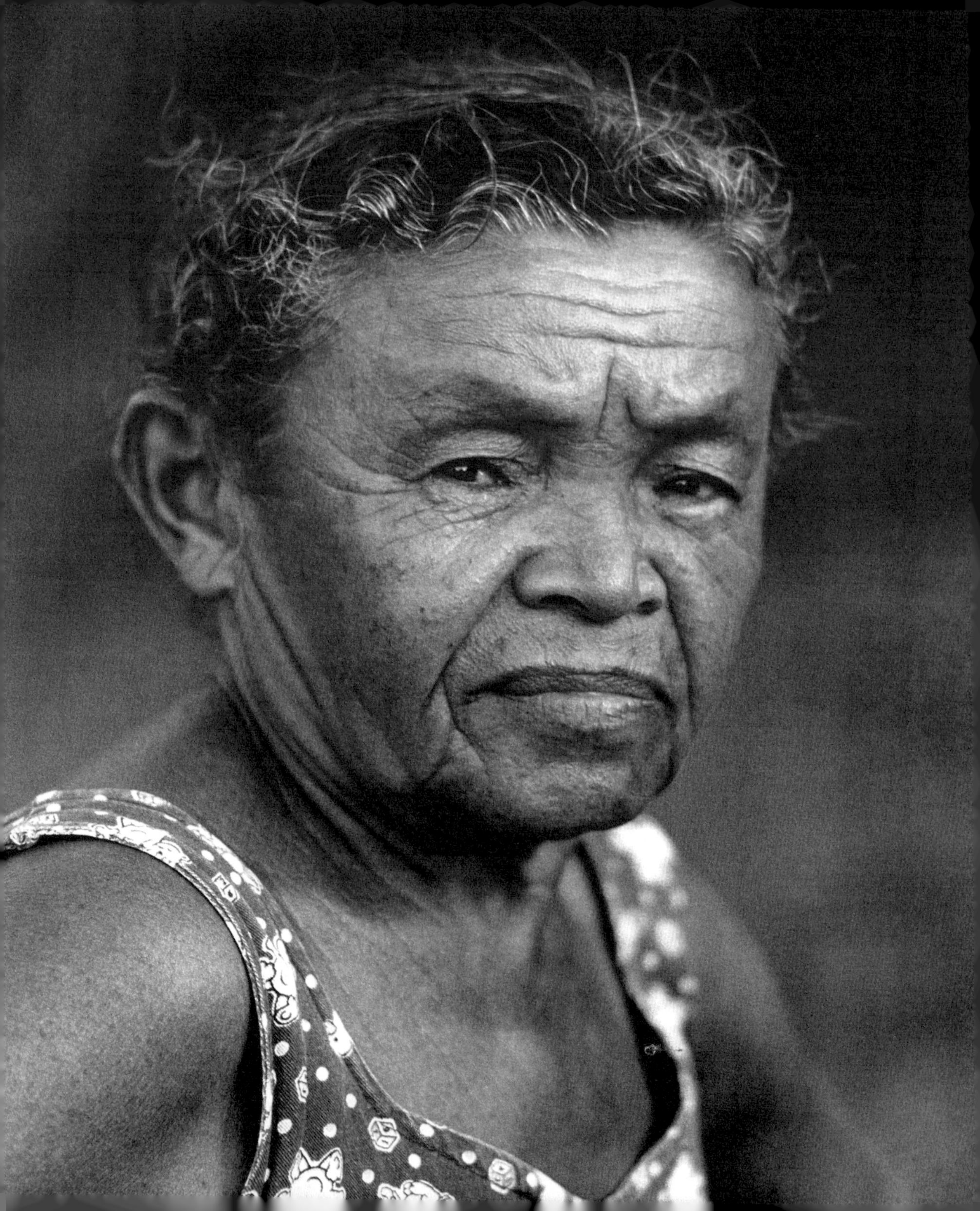

MOCINHA

Meu nome é Helena Marcos Ferreira, chama tia Mocinha. Eu cheguei aqui em 70. Só era mata. Meu patrão comprou um terreno aqui e eu vim com meu marido e meus menino pequeno pra acolá, lá pra perto da praia. Aí quando foi com uns anos eu pedi uma barracazinha ao Alcídio, só era mata ali, na paredinha.

Eu pedi assim: "Alcídio me dá um cantinho lá perto da ponte pra mim começar a vender alguma coisa." Ele dizia: "pra que tu quer Mocinha essa barraco lá?" "Porque algum dia pode passar algum carro, pode abrir uma estrada e eu tô lá." "Pois então você vai ficar lá." Aí eu comecei com os meus menino, abrimo uns caminhozinho, broquemo, broquemo. A minha barraca era de palha, depois de tábua. Aqui não tinha energia. Nós cavava um buraco no chão, enchia de pó de madeira, botava cerveja dentro e gelo por cima, aí nós cobria. Aí pegou a aparecer um carrozinho, por dia apurava 13 cruzeiro, 10 cruzeiro.

Fumo pescar, armei a rede e fumo pescar camarão, nós pegava siri, ostra e peguemo vender na barraca. Aí faltou energia, num tinha fogão nem nada, fogão de lenha. Aí apareceu um cara e disse: "tia Mocinha, tudo bem? Tá fazendo o quê aqui?" "Uma barraca que eu tenho que pode um dia aparecer algum carro por aqui e eu vender alguma coisa." Aí ele foi e me deu um fogão com tudo, que é o Edson Queiroz, muitos anos isso. Aí pediu uma dose de cachaça Bagageira, a pior que tinha. Aí eu dei. Eu num tinha nada, só prato veio de barro, mesa no chão. Aí pegou a chegar freguês, eles me conhecer. Aí comecei minha vida na barraca com meus filhos tudinho.

O camarão é porque tem a maré, quando tem aqui a maré de noite, boca da noite, quando tem a maré que é mais ou menos 11 horas, pescar, passa aqui pescando, tem camarão até acolá no Tauape. Minha rede tá guardada, quando chegar a enchente vamo pescar, maré cheia. Quando tá seca num tem nadinha. É melhor no inverno que todo canto vai camarão, é pitu, é camela, e camaroa, é sossego (sic) que nós pega. Aí no meio vem moré, vem moré bochechudo, vem o moré Jorge que é o bochechudão, vem o cará, vem tudo no mundo, vem cobra.

É bom da pessoa pescar, é tão bom viver pescando, melhor que...Porque é mais fresco, mais ventilado. A gente fica conversando, batendo papo e pescando. É no escuro. Quando faltou energia, que num tinha nem energia ao meno, tinha lamparina, nós pescava com o claro da lua. Aqui num tinha luz não, depois foi que botaram pista. Nós tinha vela. Sim, pronto! Fumo pescar uma vez.. Aí o Raimundo disse assim: "Mocinha, vamo pescar" "rapaz, é meia noite!" "vamo mulher, larga de ser fresca, diabo mais fresca! Vamos!" "Vou não!" Aí nós ia. Nós chegava por aqui, fomo pescar bem aqui no mangue, fazia assim o pé de pau... "tu tá vendo aí Mocinha, essa marmota aí?" "que marmota?!" "balançou o pé de pau" "mentira sua, tá é mentindo!" "é muié!" "é mentira!" É mentira é?!" (risos) "é mesmo, é verdade!" Aí fumo pras pedra. Cheguemo lá em cima das pedrinha, a luzinha bem acesinha no pé do mangue. Eu disse: "Raimundo ói tem uma vala aí!" "onde?" "aí perto de tu, menino!" E camarão! E camarão! Meu fí tinha tanto do camarão e peixe chega pinotava. Quando arribava nem um, nem um. "vamo se embora!" Cheio de visagem.

O tempo é bom, hoje em dia tá meio lá, meio cá, mas já foi bom. Quando era mais nova, menino minha vida... os menino tudo em casa, tudo deitado, ia pro forró dançar mais meu marido, nós dançava até de manhã, quando amanhecia os menino tudinho chorando, tudo dormindo, tudo mijado; chegava só dar de mamar, voltava de novo pra trás.

Quando a pessoa sai de casa pergunta que hora é, aí a pessoa sabe o tempo de voltar, porque quando a maré tá enchendo você tem que sair, porque com maré grande a água leva a gente, eu num sei nadar...

Eu tenho 66 anos. Eu nasci em 32. Quero ter ao menos uns 100, avalie 70. Oh, 100 ano num tem mais nem osso. Deus é quem sabe. Eu só faço pescar, minha fia é que faz tudo por mim. Já vivi muito, minha fia. Já tive um bocado de fí ai. Dei dois, num conheceram leite de gado. Meu marido assava castanha, pisava castanha, fazia angu de castanha, dava um prato pra cada. Nós arrumava coco catolé, pisava no pilão, fazia o angu de coco, comia, massa de milho. Só o Jorge conheceu leite Ninho, aquele leite fiso, um compadre meu lá de Messejana me dava leite, aí todo mundo cegando e o meu agüentado. Disse assim: "Mocinha, tire teu fí que vai cegar!" Mais de que Deus ninguém. Tá aí o negão Jorge. Pegava cará por aqui fazia um pirãozinho de cará, dava tudinho, menino. Caldo de feijão. Tem isso não, nnum tendo comer bom pra mim, boto feijão no fogo, pego um carazinho, como assado, é muito bom.

Eu nasci na Taitinga. Minha terra é lá. Aí fui pra Palmeira. Da Palmeira passei pra Piçarra em Messejana. De Messejana o patrão meu levou pra Eusébio, pro Cuaçu (sic). Eu tinha 11 ano, me empreguei na Messejana, Me lembro como se fosse hoje. Ganhava 10 mil réis. Conheci dois tostões, 500 réis, cruzado, só não conheci o vintém. Aí me empreguei lá ganhando 10 mil réis. Aí de lá pra cá peguei a andar na cidade e me acostumei. Quando eu vou pra rua eu ando sozinha, num ando com ninguém não, só com deus, vou e volto, remexe com tudo.

Mocinha

Me lembro do Mercado véi. Hoje em dia não tem mais o Mercado São José. Tinha o Mercado véi, tinha a Sé, tinha a Praça dos Voluntário, tinha o Abrigo na Praça José de Alencar que hoje em dia num tem mais, tinha cinema em Messejana, nós ia também pro cinema. A minha mãe possuía uma banca de café, eu vendia mais ela, me deitava de baixo da mesa em Messejana. A minha mãe possuía dinheiro, botequinzinho, vendia tudinho com ela. Ela ia vender manga até de animal, lá no campo de viação e eu ia amontada no animal, eu ia dentro dum caçoa, que era pequenininha e ia vender as manga. De manhã trazia cangulo, trazia tudo, que era pra comer. Meu pai negociava com manga, aí botava os caçuá, enchia de manga e eu ia chegava no meio, nos ia. Eu, meu irmao, meu pai ia, chegava lá descia a carga no chão e ia lá pro Mercado São Sebastião vender.

> Olhe, só com um e vinte eu pego o Sabiaguaba acolá, desce perto da Messejana, pego o Circular, rodeia todinha a Beira-Mar e Siqueira, Antonio Bezerra, só com um dinheiro, só com 1,20. Só pra andar mesmo, passear! Chega no terminal bebo um cafezinho, qualquer coisa. Pega de novo e vou de novo, chego no Siqueira, bebo cafezinho, pego de novo e desço em Messejana. E na Beira-mar, vou lá pro mar, pelas pedra, pessoal pescando, as jangada... adoro ver essas coisa. Vou a piquenique. Arrumei um gato em Juazeiro, botei o gato pro Canto Verde, bebo umas dose, danço forró até umas horas. Todo canto eu vou. Depois que meu marido morreu eu tô andando que ele num me deixava andar. Qualquer piquenique que quiser eu vou. Já fui pro Chitão, Baturité mais umas amiga minha, dancei até de manhã, arrumei um cara. Num tinha um tostão, dancei mais o cara, me deu dinheiro, botei no bolso. "Cadê o dinheiro Mocinha?!" Que dinheiro, num bebi de cerveja?!" Tá aqui dentro guardado, sou a bestinha...

Já tô velha, negócio de amor mais, é negócio pra gente novo. Já fui já, meu tempo já era Genuza, hoje é pra vocês. Eu já botei o jegue nas costas. Só gosto é de prosar mesmo. Porque quando eu me casei com meu marido Raimundo, aí judiava muito comigo, me açoitava, me dava muito, macho, uma vez quebrou minha cabeça de garrafada, baixei lá no Gonzaguinha, cheguei no Gonzaguinha foram dar uma injeção em mim. As meninas me deixaram sozinha lá. O doutor botou soro aqui que quando foi umas hora o soro secou. O que é que eu fiz? Ranquei a agulha, botei a mão em cima, pulei pela janela. Quando eu cheguei: "tu já chegou sinhá égua?!" "já cheguei seu baitola!"

De premero quando não existia relógio no meio do mundo, meu pai conhecia pelo galo que cantava. Quando acordava, dizia: "Chiquinha, o galo cantou. Bora pra cidade!" Ou se não, dizia: "Chiquinha, meia noite, o vento tá rasteiro..." Meu pai dizia isso. Quando meu pai morreu não tinha nem caixão. Ele foi na redinha dele. Passou três dia doentinho, eu nunca saí de perto de meu pai, nunca saí. Saí depois que me casei com esse cara. Casei em 58.

Quando o sol tá bem aqui assim é meio dia em ponto. Tem um praneta, que você num repararam ainda, você pode amanhecer o dia, você vê o praneta. É a luz. É duas hora em ponto. É a estrela noturna. Quando nós ia pescar nós via meia noite, no dia que teve um eclipe... teve um eclipe e todo mundo ficou no barracão. O eclipe, o sol brigando com a lua... a lua brigando com o sol e nós assistindo; nós botava bacia d'água pra olhar. Assisti quatro eclipe. Outra vez nós morava em Messejana, primeiro eclipe que eu vi, minha mãe lavando roupa, deu um pé de vento, foi chuva, relâmpago, butemo as roupa tudo de baixo das roupa. Minha mãe foi lavadora de roupa em Messejana. Aí cheguemo num canto o galo cantando, as galinha tudo no puleiro, amanheceu o dia porque o eclipe foi mais de uma hora, tudo escuro; foi o primeiro eclipe que eu vi na minha vida. Aí pegou a escurecer e pegou a chover, nós botamo as roupa de baixo das moita e nós viemo pra casa, o papai botando o feijão no fogo... me lembro como se fosse hoje, o galo cantando e as galinha tudo no poleiro. Depois foi indo, foi indo, amanheceu era quatro hora da tarde.

É a lua com o sol, que tem a lua e o sol que briga. A lua num pode encostar no sol, se a lua encostar no sol a lua apaga... porque a lua é fria e o sol é quente, a lua apaga é o sol, né, que é quente... O papai dizia, no tempo que num existia carro: "minha filha, vai chegar o tempo que você vai ver um negócio no céu avoando e você num sabe o que é!" Era o Zepelim. Era que nem um bombom. Eu alcancei o Zepelim. Eu me lembro nós em Messejana apanhando murici, guabiroba, nós tava apanhando guabiroba quando passou um negócio assim hummmm! E nós saimo tudo correndo pra dentro de casa. Depois apareceu o bicho de asa. De primeiro ninguém num via o aeroplano. Sabe o que é o aeroplano? O avião.

Tem os pés de pau, aquele que tem flor amarela, quando fulora o inverno é cedo, mas quando num fulora... quando o inverno começa em janeiro é bom, mas começar mês de março, abril é ruim. Esse ano eu tenho quase certeza que é bom esse ano, sei não. Quando chega o inverno é bom, o uruá fica lá na altura no pé duma mangueira, bem aqui assim, num pé de pau. Quando o inverno é bom o uruá vi botar lá em cima no pé de pau. Mas ninguém viu aruá esse não ainda. - É um bicho cascudo, como também, o pessoal come. É um bichão preto, a pessoa acha acolá aí taca a mão na tampa, arranca e traz a carne, escalda e come; mas tem muita gente que num come. É cheio de coral dentro. Quando é inverno ele vai botar a ova lá em cima do pé de pau e desce pra baixo; aí pode esperar que o inverno é bom. Quando o inverno é bom mesmo o aruá sai de dentro d'água, dos canto que ele tá, assobe no pé de pau e bota lá em cima a ova dele. Ele desce aí enterra de novo. Você pode pensar que ali o inverno é bom. O tanto que tá a ova é o tanto de água que dá.

Tem um pássaro que sempre canta aí, o carcará, ele cantou, pode esperar bichinha. Um dia desse cantou aquele pássaro grandão, o socó, ele cansava de cantar na beira do mato acolá, quando ele canta é porque vai ter inverno. Mas vai ser bom de inverno porque de manhã é uma barra bonita de chuva, num é espalhado não. E vou dizer outra coisa também, quando você vê o céu todo estrelado, todo cheio de escama, o inverno é bom. Quando a lua nasce com a pontinha pra baixo e a pontinha pro mar, arribado, é inverno; quando é pontinha pro mar e pro coisa, é seca. Pode olhar pra lua nova é assim.

Quando a lua é cheia a pessoa que é doida como cachorro doido, na lua cheia eles fica doente, perturbado. Mas é muito bom a lua cheia. Sabe porque é bom a lua cheia? Aqui é igual interior, na lua cheia aqui é tudo claro. Pra pescar é bom pescar é no escuro porque tem muito camarão. Porque no claro o camarão vê a gente, e também é cheio de água viva aí, água da cor de fogo de noite, quando você mexe, chega é aquele fogo azul, é água viva que queima a gente.

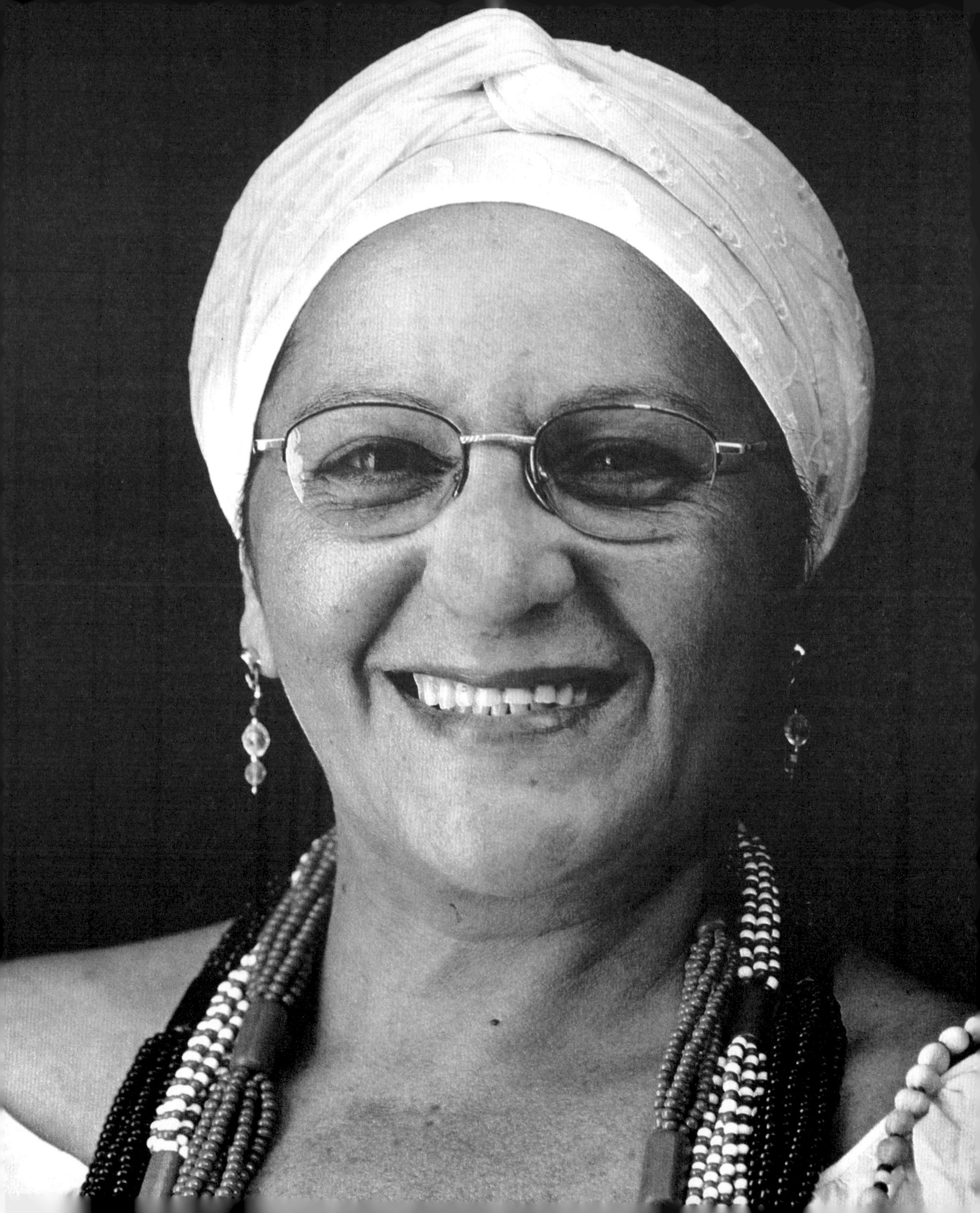

FÁTIMA

Meu nome é Maria de Fátima Bezerra da Silva, nasci em Fortaleza. Sou filha de José Soares da Silva e Rosa Bezerra da Silva, que nasceram num interiorzinho chamado Jiqui, próximo de Jaguaruana. Vieram muito jovens pra Fortaleza e nós nascemos aqui. Tenho 8 irmãos, no entanto somos 9 filhos, graças a deus todos vivos e ainda adora minha mãe, ainda ama minha mãe, e isso é uma coisa que é importante na nossa vida. E moro um pouquinho distante deles, eles moram em Maracanaú, eu moro no Jardim das Oliveiras, tomo de conta de uma comunidade; de repente o povo me fez uma líder comunitária, não sei como, aconteceu. E GRAÇAS a Deus hoje estamos aqui, também trabalhando o espiritual; trabalhamos com a cura, trabalhamos com umbanda e a quimbanda que são as duas energias que nós gostamos e conhecemos alguma coisa. Tenho 48 anos mais ainda me sinto muito jovem, e quero ainda ver e conhecer muita coisa.

A minha vida espiritual mesmo iniciou com meus pais, na igreja católica, mas desde criança eu já não me identificava muito. É muito bonito o ritual da igreja católica, mas eu gostava de quando ouvia o som do atabaque, quando assistia algum filme, algum teatro, o povo dançando usando roupas diferentes, antigas. Quando saía alguma coisa sobre escravos, sobre índios, aquilo me dava uma sensação diferente que tinha alguma coisa sobre minha e comecei a visitar alguns centros de umbanda quando me tornei uma mocinha. Da minha família, só eu, a filha mais velha que comecei a ir a centro de umbanda, a desenvolver, a sentir uma energia diferente, um povo. Todo sistema da gente muda, a maneira de entrar pra trabalhar, o tempo tá diferente, é como se a energia estivesse rodeando sobre nossa vida, sentimos alguma coisa diferente no nosso corpo, na nossa cabeça. Nós sentimos determinados arrepiamentos no corpo, sensação de frio ou quentura, uma quentura diferente, um calor diferente, ou mais pra frio ou mais pra quente. Quando nós sentimos gelo nas pernas, frieza e muita arrepiação nós dizemos que são espíritos que já se foram dessa terra, às vezes até conhecidos nossos ou de nossos amigos, ou um espírito que passou na rua, passou por perto de nós; e quando a energia é mais quente, quando nós achamos que o tempo está mais aquecido aí nós chamamos que foram os caboclos, os índios, aquele povo que foram, passaram a ser encantados, o povo do mar, o povo das matas e é assim que nós chamamos a diferença entre o calor e a parte mais fria, que são espíritos diferentes, espíritos que vêm em busca de reza, oração, dependendo da sua religião, ou vem nos visitar a mando de um ser que nós acreditamos que é Deus, um chefe geral que nós acreditamos que existe. Existe essa energia dentro de nós, que eu acredito também que depende de como nós amanhecemos nos sentindo; as vezes eu amanheço muito bem aí eu acho que eu estou com energia positiva, a energia de direita, que é as coisas de deus, as coisas do espiritual, a vontade de fazer muita caridade. Mas tem um dia que nós amanhecemos com a energia diferente; eu quero fazer alguma coisa pra mim, eu quero é dinheiro, eu quero abandonar isso aqui.

Fátima

Quando nós levantamos de manha preocupados com fazer a comida, varrer a casa, lavar a roupa é uma energia diferente, nós estamos direcionando aquele tempo pra fazer comida, pra varrer uma casa, mas se de repente você levanta e uma pessoa precisa de você pra fazer uma cura, pra aconselhar aí você já sente que o tempo mudou, não é aquela correria da cozinha, você nota que mudou, a energia se transformou, você se transformou, o tempo muda. Vamos dizer: a festa de Natal, é incrível, pode ser na segunda, na terça, na quarta, mas o tempo muda completamente; o tempo se transforma, é festa, acho que é energia do povo que joga essa diferença esquisita, muda muito o tempo.

Pra mim o tempo não passa rápido, pra mim, ele demora; as pessoas dizem: "corre que o tempo tá passando! A vida é curta!" Pra mim não, eu já vivi muitos tempos nesse tempo. Já vivi muito, já passei por tempos diferentes que foi a época que eu era criança, tempo bem diferente, tempo irresponsável, tempo de brincar, sem saber o que iria comer mas queria comer, sem saber o que ia vestir mas queira vestir, o tempo era diferente. A minha adolescência outro tempo bem diferente, muitas coisas eu via mas não sentia. E o tempo de adulto, começou a transformar também esse tempo vendo coisas diferentes, vendo momentos diferentes, vendo energias diferentes. E hoje, hoje com 48 anos é incrível eu tenho tempo pra cuidar da casa, tenho tempo pra cuidar da espiritualidade, tenho tempo de ouvir pessoas conversarem, tenho tempo de observar pessoas que chegam de qualquer lado que venham. O tempo pra mim é importante. Nossa vida é o tempo.

Os espíritas acham que algumas pessoas saem dessa vida da carne antes do tempo, eles falam muito isso: "morreu antes do tempo!" Mas falando sobre o que eu sinto, eu acho que cada um vem e cumpre o tempo que foi determinado; acabou, talvez já veio outras vezes, veio pra machucar muito alguém com a própria morte do corpo, da matéria, veio pra fazer alguém sofrer, veio só pra sentir a energia do tempo no mundo. Eu particularmente acho que cada um nasce com o tempo premeditado pra viver. Eu acredito isso.

Às vezes as pessoas dizem assim: "Fulano criou alma nova!" Então se criou alma nova, veio uma energia nova pra ele, o tempo tá bom pra ele. Eu acredito que seja assim. Não adianta, eu gosto de ler, eu leio a bíblia, livros, outras coisas, busco, mas aí tem a concepção de vida minha; eu fico parada pensado e digo: "não, cada um vai pra onde acredita que vai. Tu é uma energia, vai pra onde tu quiser, conhecer quem nunca tu viu que agora tu pode voar, tu pode sair.

Fátima

Eu acredito que o homem, o ser foi surgindo do nada mesmo, a energia, o tempo começou a existir e nós já existimos desde quando começou a existir bicho, animal, tudo. A nossa vida nós já tínhamos ela pra viver aqui na terra. A minha é meio complicada. Eu sinto um desejo muito violento de ajudar as pessoas e as vezes sinto que o mundo está se desviando das coisas boas, do tempo bom.

Tudo que nós queremos fazer está dentro de nós, o diabo está dentro de mim, deus está dentro de mim, são energias e estão dentro de nós e precisamos aprender e conseguir pessoas que nos ajudem a controlar essas duas energias. Na umbanda a lei do retorno é "o que fazes com teu irmão, recebes de volta". Na lei das bruxas nós chamamos de lei trina "quando apontas pro teu irmão recebes três vezes aquilo o castigo que tu está desejando pro teu irmão." É a lei do retorno que existe na umbanda, na quimbanda, bruxaria, todas as religiões direcionadas que o povo chama de religiões afro.

Por que a hóstia consagrada é o corpo e o sangue de Jesus Cristo? Não, mas num representa o corpo e o sangue de **JESUS** Cristo? Quem de nós é capaz de cuspir ou mastigar ou falar alguma coisa sobre a hóstia consagrada?! Então nós seres humanos tivemos nosso tempo antigo que começamos a criar símbolos: isso representa isso, isso representa isso, e no dado momento que você acredita que uma luz para o anjo da guarda vai servir de abertura de caminho, de você resolver o problema lá na frente nós vamos acreditar, se pegar uma água e disser que ela tem o poder de passar um dor, de fazer todo que naquela água está contida alguma coisa, qualquer ser humano sem ver, sem saber como foi preparada aquela água, vai acreditar. Então é o nosso tempo, nós transformamos o nosso tempo em acreditar em muita coisa; em não poder sair de casa com o pé esquerdo, só dá certo se for com o pé direito; tem nada a ver o pé direito ou pé esquerdo! Tá tudo bem, mas de repente a gente diz: "não, pé esquerdo é energia negativa e direito é energia positiva, eu vou sair com o pé direito!" Nós mesmos adquirimos explicações pra tanta mania que nós temos arrastando dos nossos antepassados, índios, escravos e tanto povo diferente que veio se misturar no nosso país, foi um homem que criou esse tempo todo cheio de confusão desde o começo.

Nos símbolos existem coisas através dos astros, através de posições dos astros, através de muita coisa que os astrólogos estudam aí, realmente tem a ver, tem a ver o mar com a lua, tem a ver muitas coisas, muitas energias. Vamos dizer, eu mandei comprar uns pozinhos, ele chega pra mim, vou fazer um trabalho de amor, aí vem o pozinho de amarração, chora nos meus pés, chega-te a mim. Aí eu pego aquele pó. Como eu tenho consciência de como ele está sendo feito sem nenhum tipo de energia, joga tudo dentro de qualquer recipiente, mistura tudo, bota dentro dum papelzinho, joga na máquina e bota pra vender; ele chega pra mim. O que é que eu vou fazer pra poder eu ir fazer o trabalho e acreditar? Pego ele arrumo um alguidar, coloco uma velinha acesa, me sento ali e fico: "esses pós vão ter as energias que eu preciso trabalhar" E nós vamos cruzar pra poder ter a energia. Vamos cruzar pra poder aquele elemento que nós vamos trabalhar, ter força; que é o pó, a cera e outras coisas mais. Vamos trabalhar em cima dessas coisas pra poder ela transformar. Nós vamos pegar o tempo em cima desse material pra transformar em positivo.

Nós temos um ritual pra chamar esses espíritos. Na umbanda nós começamos a cantar pontos que chamamos também de corimba, defumar a casa, formam uma fila de pessoas que chamamos de corrente, a das mulheres e dos homens; tem todo aquele aparato, preces, orações pra que essas energias comecem a chegar e se aproxima de nós. Alguns médiuns com energias muito fortes e outros com energias mais frágeis, pequenas. Então alguns médios dão uma incorporação total, é como se ele tivesse a força e poder do subconsciente dominar e o consciente ir embora. E outros médiuns ainda chegam a escutar, chegam a ver, realmente os espíritos se aproxima da nossa matéria. Rituais mais profundos precisam de símbolos mais profundos que não são revelados, que vêm também da antiguidade, esses símbolos nós também escondemos, nem todos filhos de santo tem a liberdade de segurar, de pegar, nós escondemos. Por que? Porque você vai fazer aqueles símbolos que vem de pessoas de muitos anos atrás, você vai sentar, você está no momento de envolvimento com coisas que ainda hoje nós não conhecemos e corre o risco de pessoas morrerem por causas desses símbolos, que de repente começa ventanias, coisas caindo, energias esquisitas se aproximando, o tempo muda, fecha, as vezes escurece um pouco; então é muito perigoso pegar em determinados símbolos.

Essas energias que começam a surgir com o tempo, já observei que a coisa bem importante é o tempo, tudo é o tempo sobre o que nós estamos conversando. Os antigos sentiam mais, eles se relacionavam melhor com a natureza que também são serem vivos, eles se relacionavam melhor com os animais e com o tempo, eles sabiam a hora que iam passando pelo tempo, aonde o sol estava, como isso ia se passando, se transformando, quando a noite ia chegando, então eles observavam muito o tempo para poder se resguardarem muitas vezes de animais de maiores porte que vinha, que passavam aquela hora, que tinha a hora certa de se alimentarem, então o homem se relacionava melhor com o tempo. Infelizmente

O MAR

NOVO REGGAE

todas as religiões começaram a ter grande decadência, diminuíram muito as suas energias, não guardam mais o tempo pra esse poder maravilhoso que existia com os nosso ancestrais. O tempo ele tem acelerado, tem corrido, tem melhorado no que diz respeito as tecnologias mas no que diz respeito ao ser humano, as religiões, aos nossos sentimentos, ao homem como ser vivo e energia positiva do tempo está numa decadência incrível. Porque os nossos ancestrais saíam com segurança, olhavam pro sol e diziam: "essa hora ainda não vem, o animal tal vai passar tal hora" Então eles regravam o tempo ali, direitinho; tinham tempo pra caçar, pra comer, pra amar, pra fazerem tudo. Hoje é preciso a gente correr contra esse tempo e passar por cima dos nossos irmãos porque se não a gente perde a oportunidade de ter um tempo melhor. Infelizmente é assim, tá regredindo as religiões. Antigamente quando um umbandista, um médium ia incorporar você sentia o poder da entidade, a cor, a transformação do corpo, da matéria que aquele espírito estava usando, hoje é preciso muita luta pra deixarem esses médiuns prontos pra trabalhar, é incrível como nós temos dificuldade. Aqui não é tão grande devido o meu relacionamento com os filhos de santo: "olhe, se você não sente vontade não venha hoje para o trabalho. Não venha pra gira, fique em casa, vá dormir, vá fazer outra coisa. Se você sente que quer trabalhar, tem energia, tá bom pra você, aí você vem." É muito difícil. Caiu muito a religião.

Tem uma grande mudança no tempo em que as pessoas ficam incorporadas com os espíritos ou que fazem os seus rituais. Mudou porque o próprio homem faz essas coisa, é tudo muito corrido agora, o povo corre demais sem necessidade, não se lembram que tem a morte. Se corre demais tão indo de encontro com uma coisa lá na frente que não está muito boa. Hoje os rituais diminuíram o tempo, o médium que trabalha também diminuiu o tempo de agüentar, antigamente o médium agüentava dois dias, 48 horas, as festas iam por 2, 3 dias. Hoje o médium tem a regalia que se o trabalho for a noite toda o médium trabalhar até parte da noite com incorporação, as entidade despertar o médium, o médium vai fazer suas necessidades fisiológicas ou vai tomar outro banho ou vai retocar a maquiagem, retocar o cabelo, que nós não tínhamos esse direito antigamente não. Começou uma gira as 7 horas da noite vai até as 7 horas da manhã, o médium tem que beber sem a energia sair de cima dele toda noite. E hoje tá diminuindo tudo. E tá havendo também a organização de dizer com o médium: "o senhor meu pai tem que obedecer a hora da terra!" porque tá sobre o domínio do homem num tá mais sobre o domínio espiritual, o homem não se deixa levar pela espiritualidade, o homem quer dominar; então nós mesmos dizemos isso: "olha meu pai,

Fátima

tal hora o senhor vai ter que sair da matéria porque nós vamos ter que terminar tal hora." E a entidade vai ter que entrar numa organização de tempo deles que é o nosso tempo. Que eles tem todo tempo do mundo, eles são eternos, a energia pode ficar quanto quiser e sair na hora que quiser, mas o nosso tempo é diferente. Muita gente vai trabalhar 4 horas da manhã, podendo ficar com a entidade até 12 horas da madrugada: "não, é muito cansativo, a gente termina cansado..!" Então vamos organizar o horário, nosso trabalho é aqui na nossa casa vai ser das 7 horas as 10 e meia da noite, então todo mundo tem que obedecer, espírito e matéria! (ri)

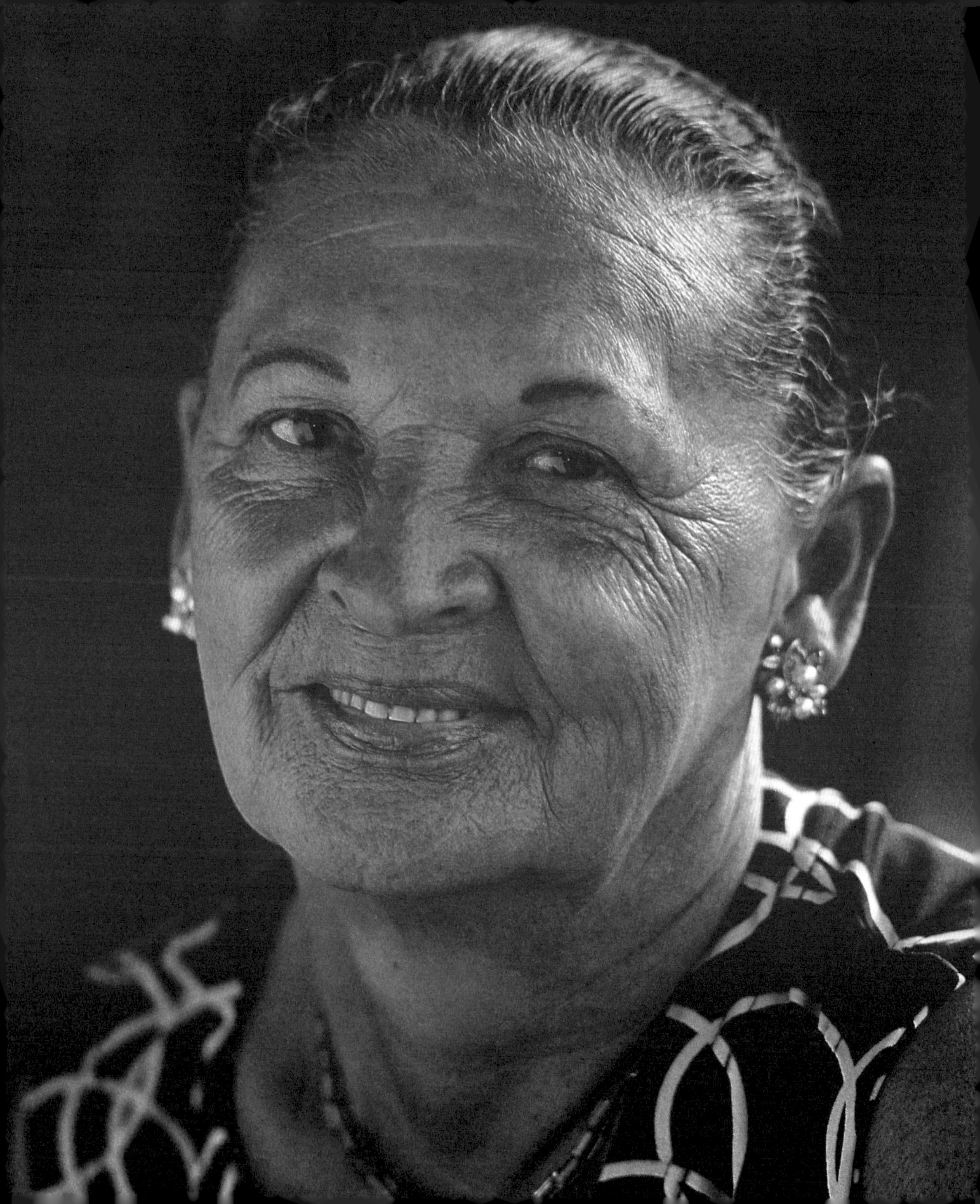

GLORIA

Meu nome é Maria da Glória Rodrigues da Costa. Filha de um pescador e de uma mãe rendeira. Aí meu pai, antes de ele casar com minha mãe, foi um cangaceiro, era do cangaço. Conheceu Fortaleza sem nenhum carro, só ele na cavaleria, depois foi que ele foi ser pescador. Ele é filho natural de Beberibe, da cidade

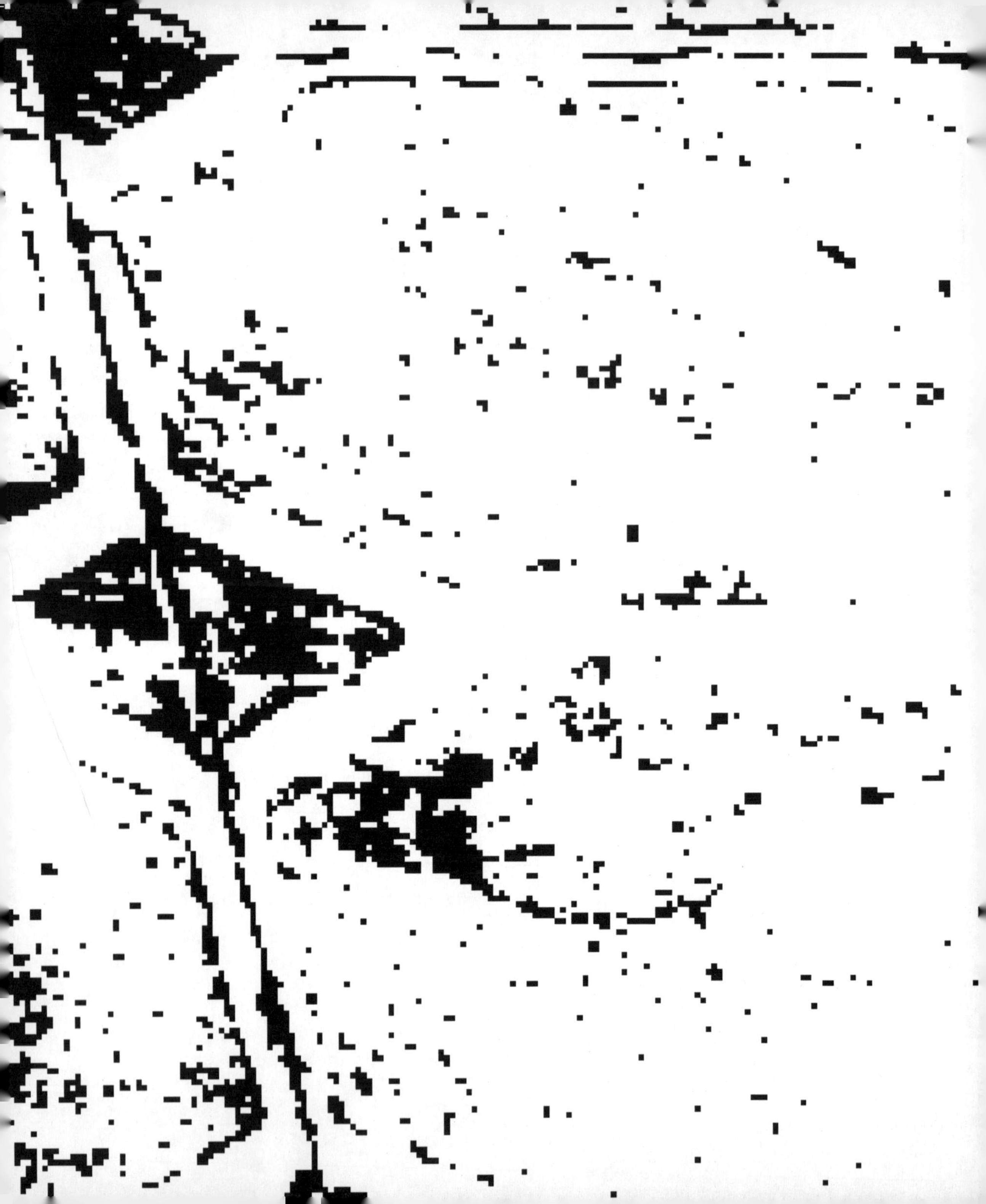

Glória

de Beberibe. Aí, acontece, aí lá onde nós morava era só as casa, palhoça de palha, casa de pescador, brincava com aquelas "flores" de salsa, porque não tinha brinquedo, meu pai não tinha condições de comprar a comida da gente, quando ele chegava do mar, era batata doce, era cambica de Jerimum, era caldo de cana com farinha, mas eu achava melhor certa coisas de que agora. Que eu vejo. Porque agora muita coisa é perigoso, é mais difícil, naquele tempo a gente não tinha perigo pra sair pra qualquer canto, nada a gente tinha medo.

É... até que o nome dele, chamavam Raimundo Humberto cangaceiro, ainda tem um irmão que é bem velhinho no Cumbuco, é o mais velho, o nome dele é Chico Cangaceiro. Eles batiam muito nos outros, assim de pau, aí ele disse que um dia, chegou pro pai dele, ele enganou o finado meu vô, meu vô saiu...pensando que ele tava dormindo, aí quando foi de manhãzinha, que acordou, a polícia atrás dele, aí que nada, aí ele tinha botado um pilão, pegou um pilão grande, botou dentro rede dele, enrolou com um lençol e a polícia na porta, quando chegaram lá era só um pilão de madeira enrolado com um lençol, ele já tinha fugido. Era as coisa que eles contavam, ele com os cangaceiro, né, eles faziam essas coisa, nera, fugia. Aí ele contou também, uma vez que chegou assim numa mercearia, tinha um homem, que ele pedia uma tabicha, de cachaça, aí quando botava na boca, tirava um gole, o resto ele jogava no rosto da pessoa, aí ele foi e disse, um dia eu vou lá nesse bar, quando chegou lá o homem fez com ele, aí ele tava desarmado, aí pro pé do balcão viu uma tesoura, uma banda de tesoura veia de barbeiro, aí com isso ele matou o homem. Aí fugiu de Beberibe foi parar no Cumbuco e lá casou com a minha mãe. Aí continuou a trabalhar na pesca. Saiu do cangaço.

Eles pescavam com sal. Agora não existe mais isso. A jangada levava sal. Eles iam, por exemplo, hoje de manhãzinha, só vinham no outro dia de tarde. O peixe já vinha todo salgado. E o peixe vinha mais gostoso. Salgado, assim, do dia pro outro, do mar. Aí demorava.

Minha mãe era assim, rebelde. Ela pegava a gente pra bater, batia era pra matar... Deus me perdoe pelo amor de Deus, eu não gosto muito dela não. Por que ela traiu meu pai na minha frente...foi uma coisa muito triste na minha vida, não esqueço nunca. Então eu sou revoltada com uma mulher que trai seu marido ou seu amante ou seu namorado...

Eu saí de casa de família e vim trabalhar aqui na beira mar, mas não era aqui, era lá perto do chifre, aí, naquele tempo, as cadeirinhas era de madeira, não esses carrinho, era de isopô, a gente sentava no chão, botava as cadeirinha de madeira, aí o artesanato também era todo no chão, não era como é agora. Aí, 4 horas da tarde, a gente de carrinho tinha que pagar uma pessoa, pra pegar os carrinhos e amarrar com o apoio da jangada, botar pra cima do calçadão, por que o artesanato ia chegar, pra se espalhar no chão. Eu fui babá, fui copeira, foi cozinheira. Uma vez eu vim pra praia, quando eu cheguei, achei tão bonito ver aquele pessoal batendo caipirinha e conversando com o pessoal. Eu digo, menino, mas é muito bonito, é diferente ficar todo tempo no pé de um fogão, trabalhando. Eu vou arranjar um negócio desse pra mim. Aí, eu arranjei um dinheirinho e comprei um isopor. Aí nisso comecei. Aí depois que eu comecei gostei. Cortar coco, ói, aqui... eu cortava aqui 300 coco por semana, agora não corto 120. Eu cortava 40 coco, aqui ligeiro, avexado e se aparecer hoje de novo eu corto também. Então, isso não é uma coisa que se faz rápido. Agora aquela coisa devagarinho, hoje, um freguês vem hoje, vem outro mais tarde. Há, é muito devagar. Naquele tempo não.

Eu não posso viver sem trabalhar não, eu gosto de trabalhar, todo dia, todo dia. Eu me levanto 5 horas, vou deixar esse menino no colégio 6:30, quando eu volto, chego em casa, vou lavar minha roupa, vou cuidar das minha plantinha, duns pintinhos que eu crio, de um gatinho. Aí quando termino de almoçar dô almoço a ele, quando dá 3 hora da tarde, umbora, simbora, pra casa... pra nossa casa, aí nós caminha pra cá. Nós morava assim no baixio, aí eu saia sabe pra quê? Atrás dos ovos de teteu pra cozinhar dentro de uma lata pra eu comer os ovo, comia tanto ovo de teteu. Aí o pessoal dizia quem come ovo de teteu não dorme de noite. Botava um machadinho nas costas, subia as duna, pra lascar lenha, pra quando chegar o inverno fazer aquela palhoça, eu achava bom...da capenga de coco ó, de uma palha dessa, eu cortava, cortava e fazia como um skate, aí me sentava, botava os pezinho naquela duna, oía você vai lá em baixo. Tanta coisa boa.

Quando eu abro a porta que passo pra fora, que caminho, vamo pro nosso céu, nossa casa de praia. Aí parece que eu sou outra mulher, renovo. Eu nasci e me criei na beira da praia, olhando pro mar e aí pronto, sou apaixonada por esse marzão. Aí, se eu for morar noutro canto que não tiver mar, acho que eu não me acostumo não. Vendo meu pai encaiando, trazendo sabe o quê pra mim? Uma tapioca, que ele botava no forro do chapéu, suadinho da cabeça dele e ele tirava o chapeuzinho, me dava e eu comia. Ficava a coisa mais linda e aquele cheirinho do pescoço dele, salgadinho (risos), tão salgadinho. Aí minha mãe dizia, assim, menina, tu é doida e só falta entrar no mar, lá, subir na jangada, atrás dessa tapioca.

Glória

Céu ?. É o mar e essas água. Que eu respiro parece que tô... renovando, ficando nova, lá em casa eu tô velha, quando eu chego aqui eu renovo...É muito bom, muito bom,.eu ando por essa beira de praia todinha, vou lá naquelas pedrinha, volto, lavo os pezinho no mar e volto...é bom, gostoso. Aí eu converso com ele, converso até com as iemanjás que dizem que tem aí dentro do mar, que eu não sei o que é, eu vou pra li, e digo ó iemanjá eu queria te ver, diz que tu é dona do mar, eu sou louca pelo mar, mas nunca vejo ela. Agora uma vez, aconteceu um negócio aqui comigo, uma vez, no dia dessa iemanjá, aí eu tirei um gaio de rosa, eu fui jogar ali, assim, quando eu joguei, a maré tava bem sequinha, aí eu fiquei impressionada com isso, quando eu joguei a rosa, aí apareceu uma Maria e veio e jogou uma pelombeta, a peixa bem vivinha, bem branquinha, em cima dos meus pés. Meu Deus só pode ter sido iemanjá, porque isso é um milagre. Mas a maré seca, quando eu joguei as flore, veio aquela peixa bem vivinha e caiu mesmo no meu pé.

O tempo tá passando é rápido... eu acho que é porque muita coisa boa pouco tá acontecendo ...mas ruim tem muita, demais. O pessoal diz que é o mundo...eu acho que não é mundo, é o pessoal que tá tudo virado, tudo doido, não é mais aquele pessoal de antigamente, se sentava e pensava, agora o pessoal não pensa, mete a cara no mundo e vão fazer o que querem, o homem e as mulheres. Esse ano que vai entrar agora, custava tanto chegar, esse ano novo, meu Deus, Natal a gente nem se lembrava mais. Agora não, quando a gente espera é natal e ano novo, tá passando rápido, a gente ta envelhecendo rápido.

Eu tava sentada, aí sozinha, aí, chegou um fiscal. Ele tava conservando com outra pessoa: "rapaz tô com tanta pena, tem um meninozinho lá no Bom Jardim , bichinho apanha tem 1 ano e 6 meses, só come papa d`água é um sofrimento e hoje a minha sogra mandou arranjar uma pessoa que...pra eu dar. Aí, eu sem querer eu disse assim trás pra mim. Nesse tempo aqui ainda tinha movimento, eu ganhava bem. Aí ele foi disse, eu trago. Aí, trouxe o bichinho aqui pra **PRAIA**, pra essa casa aí. Aí, minha vizinha veio pegar ele, levou lá pra casa, aí pronto eu vou levando o barco até hoje. Até quando Deus quiser. Todo dia eu rezo e peço a Deus, que não me leve agora, não me leve, deixe eu...ver ele comer com as mãos dele, ele já trabalhar. Eu acho que esse Mateu foi tudo na minha vida. É meu anjo de guarda.

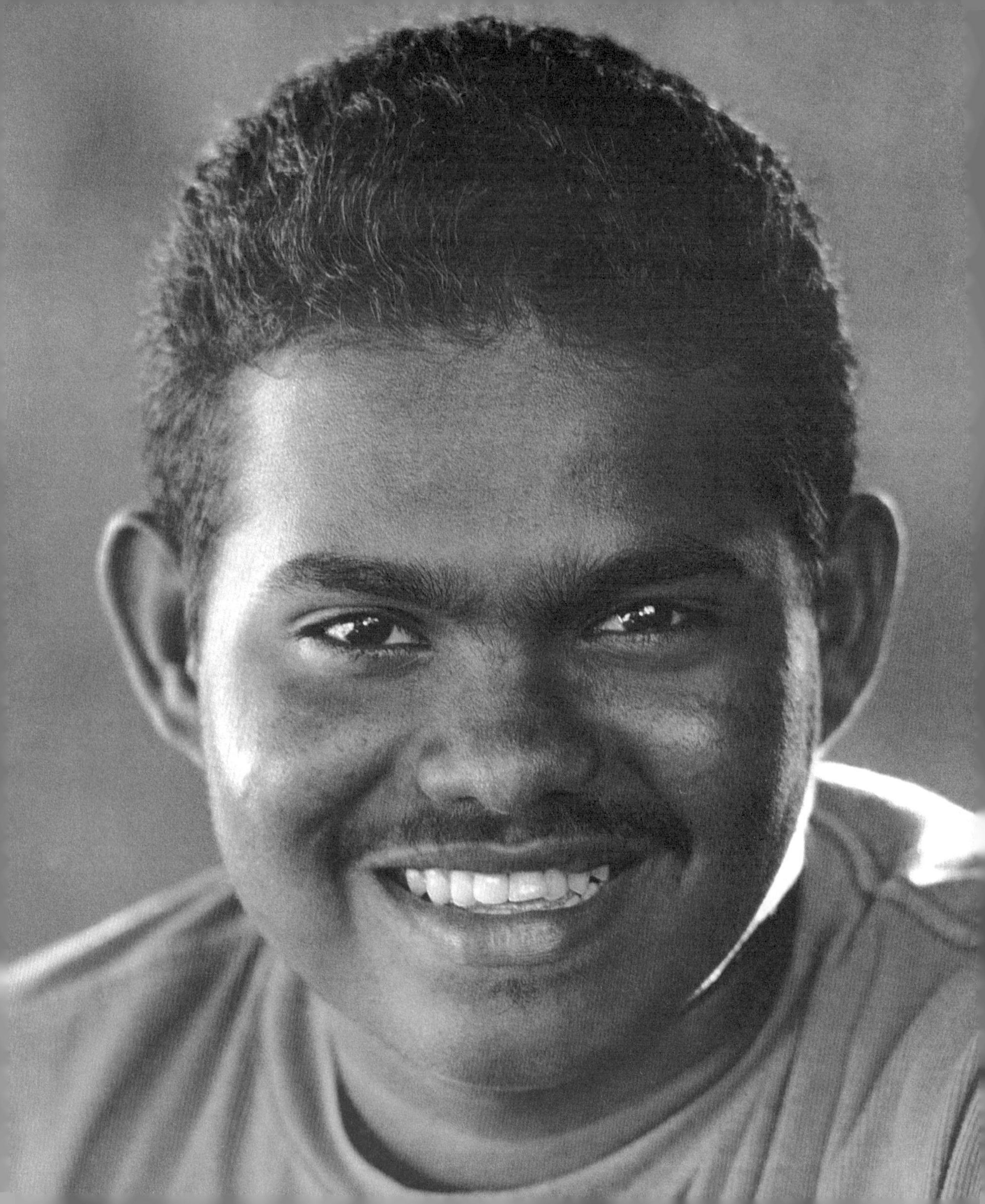

FABRÍCIO

Meu nome é Fabrício de Sousa Silva. O nome da minha mãe é Francisca Teixeira de Sousa. O nome do meu pai é Francisco Pereira da Silva e o nome do meu irmão, dos meus irmãos, é Amário de Sousa Silva e Francisco José de Sousa. E o nome da minha irmã é Cristiane de Sousa da Silva. Já apanhei do meu pai quando eu tinha 8 anos de idade. Já sofri bastante na minha vida... cheguei a ser amarrado, com corda, pelo meu pai, por que os pessoal roubava na minha casa, aí ele pensava que roubava pra mim dar os outros, mas deixa que os outros que roubava e quem levava a culpa era eu. Chegou um dia dele me pegar no meio da rua e me amarrar, me levar pra dentro de casa. Com a própria corda que ele me amarrou começou a me bater e a mãe chegou pra entrar dentro de casa e ele quis espancar ela, começou a espancar a minha mãe, né? Aí fui chamar a polícia, né? Aí os policial chegaram e levaram ele preso. Quando foi no outro dia ele tava de volta. Era só devido a bebida, né? Ficou em desgosto da vida, ele gostava de uma mulher que a mulher só queria o dinheiro dele, né? Aí a mulher abandonou. Ele se depravou na cachaça e num quis mais gostar da minha mãe. Começou a espancar minha mãe e me espancar, esculhambar minha irmã, aí nós achamo melhor deixar ele preso uns dia, né? Aí deu uma doença nele, aí ele foi pro hospital, aí o medico avisou a ele que se continuasse bebendo ia morrer porque não podia beber.

Logo quando eu entrei no jornal tinha gente que não gostava de mim, tinha inveja, aí teve um que veio me espancar, me deu chute dentro do ônibus e tudo. Aí eu pedi o motorista pra sair da rota... Como eu vendia bem jornal, o motorista pegou e disse: "Não, da minha rota você não sai não, eu vou ver se tiro ele". Não tirou, aí ele continuou me espancando, né? Me espancando, sempre me espancando. Chegou um dia que eu não agüentei mais e reagi, né? Aí quando eu reagi, ele não gostou, puxou uma faca pra mim, né? Aí quando ele puxou essa faca eu tava com o cadeado na mão da bicicleta, aí plantei na cabeça dele que o sangue desceu, né?. Aí, ele pegou e disse: "Ói macho, ói o que foi que tu fez comigo, tu é muito é covarde". Eu disse: "Eu não sou covarde porque você que procurou, né? Se você não tivesse dado em mim, nós tava tudo tranqüilo". Aí ele até hoje, graças a Deus, nunca veio mais querer dar em mim não, né? Acabou, já deixou. Nesse tempo eu tinha uns 11 ano. Ele fez eu comer areia, passou minha cara no chão, e eu só guardando isso, né? Eu sei que até hoje ele olha pra mim com a cara feia, mas sei que ele tá esperando só um vacilo meu pra me pegar de novo. Só que vacilar pra ele, eu não vou mais, né? Já pedi até pra sair daqui da rota e tudo, onde eu trabalho, mas se eu sair da rota que eu tô, eu perdo os cliente, né? Aí prefiro ficar aqui mesmo. Ele mora lá no Conjunto Palmeira, nós era muito amigo, né?. Eu andava na casa dele, ele andava na minha. Por isso que os outros diz, nós não tem amigo, nós tem uns companheiro legal e outros ruim, né? Aí nós acabemo a amizade.

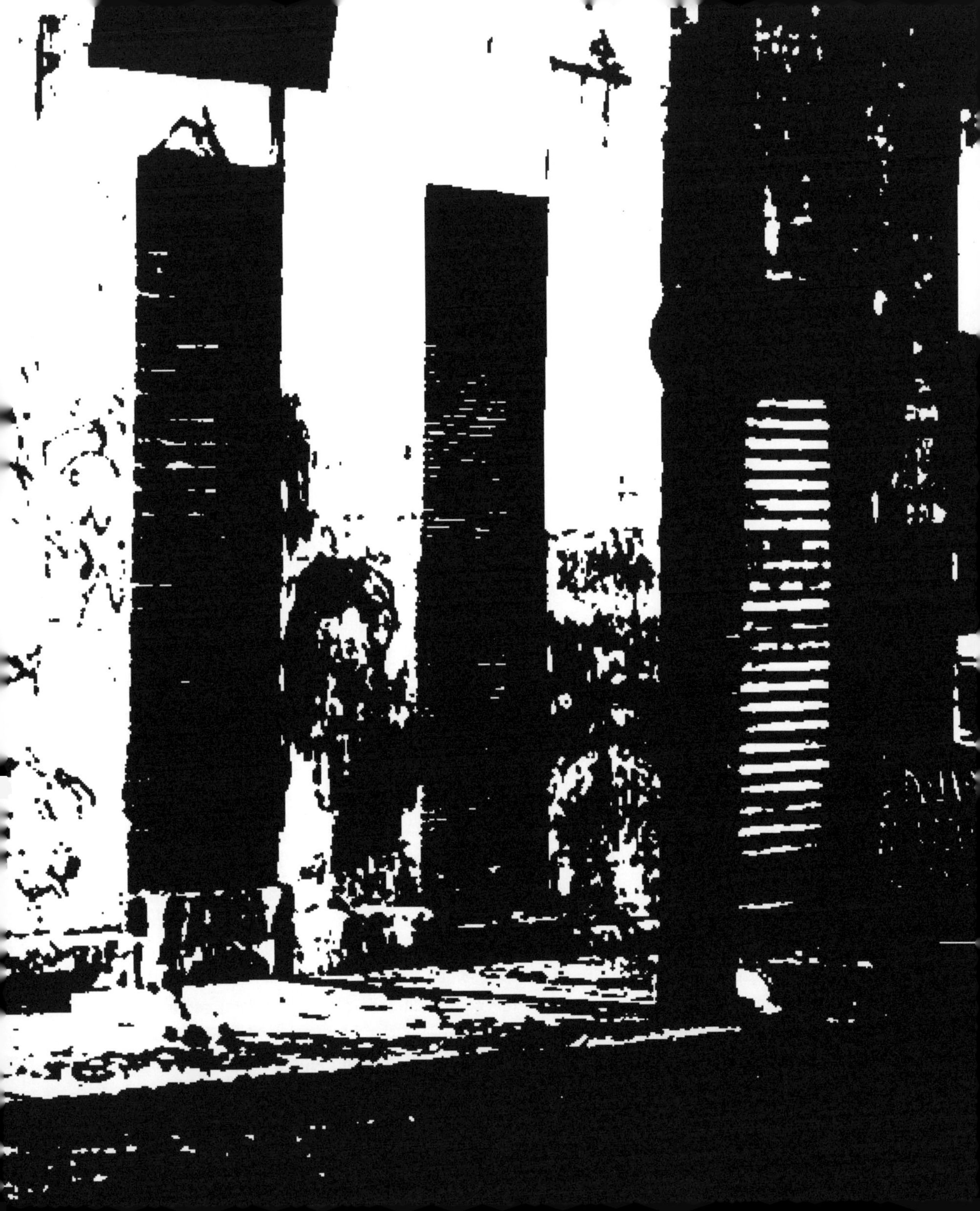

Eu conheço um rapaz que veio pra mim e pediu 200 reais pra matar ele. Só que eu peguei e disse assim: "Não macho, isso aí eu vou entregar nas mão de Deus, que não vou dar dinheiro pra você matar ele não". Duzentos reais pra tirar uma vida de uma pessoa, né? Ele é um ser humano, né? Tá certo que ele errou comigo, mas ele é um ser humano, né? Tá certo que só quem pode tirar a vida é Deus, né? Aí, eu deixei pra lá.

Eu tive muita sorte, né? Porque logo quando a minha mãe foi me ter, ela teve um susto, né? Porque uma senhora fez um crime na frente dela. Esfaqueou outra mulher na frente dela. Aí ela viu aquilo e se sentiu abalada, né? Aí começou a passar mal, deu parece que hemorragia, aí ficou saindo sangue direto, quase que eles não conseguiam parar, né? Mas só que Deus é muito bom, não quis que eu ficasse sem ela.

O nome da rua que eu moro é Sandra Gentil. Ali onde eu moro vejo muitas coisa errada, né? Já senti até vontade também de denunciar à polícia, mas se a gente denunciar tá se arriscando, né? Porque a policia não vai guardar a minha segurança, né? A minha vida, né?. E se eu fizer isso eu vou me prejudicar e vou prejudicar a minha família. Porque onde eu moro vejo muita gente vendendo droga. Já vi pessoa ser morto na minha frente, sem puder fazer fazer nada. Mas só acontece porque eles querem dar uma de bichão, querem ser o danadão da área. Aí as outra pessoa vão e mata, né? Agora, recentemente teve, um caso aí dum rapaz que morreu com 6 tiros, passou até no 190 o caso dele. Ele era acostumado roubar, furar os outro, né?

Os que mataram são da outra comunidade chamada Cidade Nova. Ali, próximo onde eu moro, né? Recentemente também teve um duplo assassinato. Na comunidade deles, lá. O cara veio, eles fizeram um assalto, né? Espancaram um cidadão, aí o cidadão foi e pegou uma arma e foi atrás de cobrar, fazer a cobrança, né? Aí quando ele chegou lá eles tavam tudo usando droga, dentro duma casa. Aí tinha uma senhora inocente, que não tinha a ver. Aí o cara começou a atirar, matou um deles, baleou outro, e morreu. Matou uma senhora inocente, que não tinha nada a ver, né? A senhora de 62 anos de idade.

Houve um tempo aí que, há um ano atrás, num tinha isso. Antes era só brincadeira, só felicidade, a gente podia andar tranqüilo nos canto, né? Quando eu tinha mais ou menos uns doze anos gostava muito de ir pra lagoa que é conhecida como Sapiranga, né? Hoje em dia pra você andar lá você também tem que ter cuidado porque lá, agora, geralmente, os pessoal diz, que soltaram jacaré na lagoa. Porque tem uma senhora lá, que é conhecida como Maria Eugênia. Ela que toma de conta da região lá, né? Aí, ela andou soltando cobra,

>22 hs

Fabrício

essas coisa dentro da lagoa, que é pra diminuir mais o fluxo de pessoa na lagoa, pra não andar pescando, porque o pessoal tava jogando lixo, jogando animal, coisa morta dentro da lagoa. Aí ela providenciou a polícia pra ficar tomando de conta da lagoa, né? Pagou gente pra ficar tomando de conta, num deixar mais ninguém pescar, num pegar peixe pequeno, só peixe graúdo. Aí geralmente quando vou pescar ainda as vezes lá, a gente vai com um galão, a policia vem e toma, arriscando até ser preso, né? Porque lá, agora, é uma área ambiental, não é mais uma área livre que nem era. É livre, mas só que tem que não pode mais pescar, nem fazer fogo. E sempre guardado por esses policial.

A manchete que eu gostei mais foi agora, atualmente quando cbotaram o Lula para comandar o Brasil, né? Foi a que me marcou mais, que eu tô esperando mais um apoio dele pra população. O jornal publicou, né? Disse que só ia ficar feliz e conseguir dormir à noite quando ele visse o brasileiro fazer três refeições ao dia, né? Porque o que ele quer mais é acabar no Brasil é com a fome e desemprego, né? E a criminalidade, né?

Porque o Fernando Henrique aí é um presidente que acabou muito com o país. Agora mesmo ele mandou gastar um dinheiro aí pra comprar oito avião força aérea brasileira, né? Ele disse que os avião está muito estragado e não tem segurança. Aí ele vai gastar parece que é 50 bilhões de reais com esses aviões. Aí, eu sei que é porque ele vai sair, ele quer deixar o abacaxi pro Lula descascar, né? Que ele sabe que ele quer deixar o Lula lá em baixo, só que com isso ele não vai conseguir, porque eu tenho pra mim que o Lula vai mudar esse país pra melhor.

Notícia boa é difícil a gente vender porque as vezes sai coisa assim de creche, que os pessoal gostam de ajudar, essas pessoa que têm condição, né? Mas geralmente o dia-a-dia só sai notícia trágica, né?

Notícia ruim que mais me marcou? Foi a notícia daquele português que foi morto na Praia do Futuro, né? Que ali foi uma notícia que me marcou, como marcou o Brasil inteiro, né? Porque ali foi visto em quase todo o mundo, né? Porque ali o sofrimento daquelas pessoa ser enterrado vivo, né? A gente fica chocado em ver aquilo. Foi uma notícia que me chocou muito, essa dos seis portugueses.

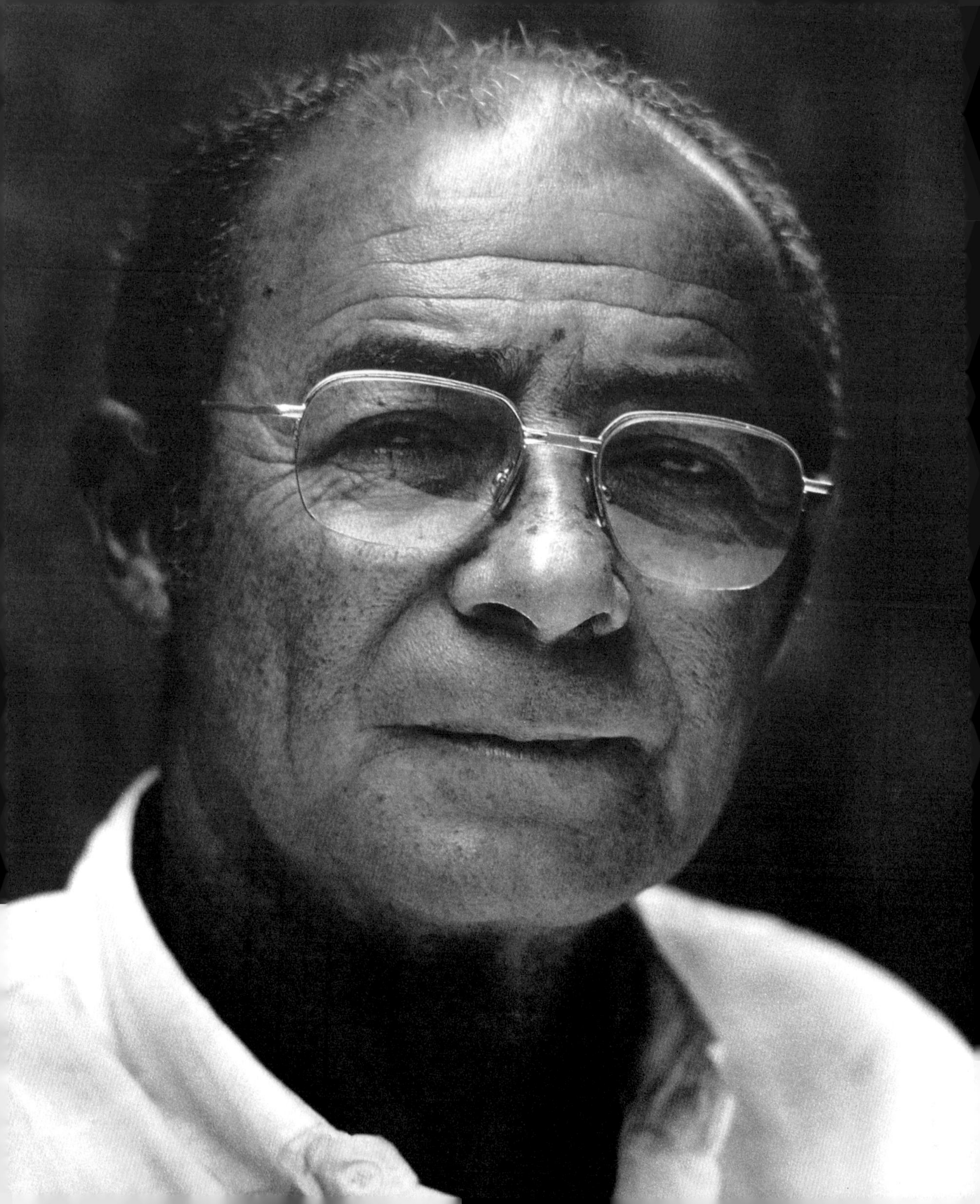

RAFAEL

Meu nome é Rafael Rodrigues Alves, eu sou caminhoneiro profissional, mecânico de manutenção e mecânica de guiso. Eu comecei minha profissão em Juazeiro do Norte. Por ironia do destino, uma época eu tava parado e fui atrás de serviço na construção do Romeirão. Nessa época era uma época muito ruim, me deram emprego de servente, meu primeiro emprego foi de servente, servente de pedreiro, fui caldear cal. Nessa época eu ganhava sete cruzeiros por semana, nessa época era tão bom [sic] que eu estourava todinho de merenda. Aí eu passei a trabalhar como auxiliar de serralheiro. Trabalhei com solda, fiquei mais ou menos, aí fui trabalhar como torneiro mecânico. Passado um ano, dois anos, aí a firma fechou. Eu passei a trabalhar numa construção civil aqui em Fortaleza. Depois eu fiz um curso eletrotécnica. E daí por diante. Aí começou as minhas funções: motorista... Motorista eu aprendi a dirigir, nunca ninguém me ensinou "o caminho é esse!", eu só na cabeça vendo as pessoas dirigirem, eu observava quando passava uma marcha, porque parava em canto tal, perguntava porque ele parava e a pessoa dizia, "porque tem o sinal assim" aí eu fui juntando na cabeça e aquilo ali me fez um profissional, não tão bom, mas dá pra tocar o barco.

Primeira profissão minha foi fogueteiro. Fogueteiro significava fazer traque... o segundo foi espingardeiro, espingardeiro é aquele que faz aquelas espingardas soca-soca lá em Juazeiro. Depois com a profissão de servente que eu passei a trabalhar como pedreiro, lá no Romeirão e conseqüentemente armador, ferreiro armador, trabalhar na construção armando ferro. Aí veio mecânico, trabalhando em trator de esteira, enchedeira, e uma série de outros tipos de máquinas. Também passei cinco anos trabalhando como topógrafo, fazendo topografia de alinhamento, uma topografia básica. E uma outra série de profissão... serralheria por exemplo, na serralheiria eu comecei cortando ferro mesmo, um ferrinho pra fazer a estrutura, aí depois eu fui aprendendo a soldar.

Com a idade de 17 anos, nós morávamos no Iguatu, e eu peguei uma surra meio grande do papai, (ri) desobedeci, papai tem um metro e 50 de altura, dessa grossurinha, mas a capacidade é um gigante. Eu desobedeci, papai me deu uma surra, quis sair de casa no momento mas depois papoquei no meio do mundo, fui embora e dessa viagem que eu fiz fui parar no Rio. Aí do Rio, eu só com a cara e a coragem, fui pra São Paulo, em São Paulo passei uma temporada, voltei novamente pra Juazeiro, aí depois inventei de vir pra Fortaleza, vim pra Fortaleza, de Fortaleza fui pro Recife, do Recife fui pra Guaratinguetá, aí de lá começou minha vida torcendo pelo meio do mundo. Voltei pra Juazeiro, de Juazeiro eu comecei na estrada, onde eu aprendi a dirigir. Aí comecei a viajar com uns amigos meus, eu não tinha carteira. Comecei a viajar e viajando sempre pra São Paulo, Recife, Alagoas... Com muito tempo depois aí eu tirei.

Rafael

Na minha profissão uma das que eu mais gostei de trabalhar e o tempo pra mim passava rápido, primeiro é motorista de auto-estrada, era uma profissão que eu sempre tinha aquela ansiedade de cada volta do pneu pra mim, que o pneu dava na estrada pra mim era um sentimento novo que eu tinha, uma coisa gostosa.

Quando o tempo passa rápido pra mim eu vivo mais, vivo melhor. Por exemplo, eu tô casado com a Conceição há oito anos, pra mim eu me casei ontem. Quando as coisas são boas passam rápido. Então, quando as coisas acontecem de ruim as coisas também descem. Por exemplo, as coisas boas que tá acontecendo comigo, meu casamento, o conhecimento com vocês aqui pra mim tá fazendo uma super felicidade, uma pessoa totalmente diferente. Tem um tempo que machuca, esse tempo foi exatamente durante a minha infância... E a minha infância foi uma infância sofrida, mas como toda criança não tem o sofrimento, não conta tanto porque quem sofre é os pais. Eu cresci até os 9 anos em lugares que pra chover precisava fazer promessa e enterrar santo (ri), e era uma complicação pra chover. Quando chovia era um ano e passava cinco anos sem chover. Provavelmente porque era um lugar na divisa de Alagoas com o Pernambuco, é onde passa aquela linha do Equador, é um negócio muito seco. Papai viveu a maior parte da vida dele, criou a gente, a base fundamental lá na fazenda Piá, fazenda Juazeiro e Salgadinho, foi caçando caça do mato e mel de abelha pra nos sustentar. Então hoje eu tenho um carinho tão grande por papai por esse sacrifício e pela mamãe pelo fato dela sustentar a barreira sozinha, uma mulher nova, bonita e viver só isolada no mundo no meio do mato pra poder ter o sustento. Eu me lembro que um dia a situação tava tão braba com falta d'água que eu achei, isso é uma coisa que eu lembro, que eu urinei e tentei beber pra ver se matava a sede, numa fazenda que tinha com nome Atol da Alegria [sic]. Nessa época eu devia ter uns dois, três anos. São coisas que eu lembro triste, nessa época foi muito triste. Quando chovia que juntava água nos caldeirões, os caldeirões que chamavam caldeirões eram aquelas cavidades nas pedras que num tinha saída, então chovia e acumulava água ali e eu vi algumas brigas de vizinhos por causa daquela água que se acumulava ali, pra tirar, pra armazenar, pra tomar. Aí quando passei pra Fazenda Piá novamente, já tava maiorzinho, foi uma infância gostosa que já tinha tudo, tinha leite à vontade, no meio da minha família direto, num tinha mistério com a vida não. Trabalhava, já tinha gado, papai já tinha progredido um pouco na vida, depois papai perdeu tudo de

RIBOS
ORTALEZA

(SP)

DOM.
ETURBAÇÃO
QUINTAL

PROGRAMAÇÃO PROGRAMAÇÃO

CI   CI
  D   E
 AN   AN
    A

novo, e assim nós fomos até chegar em Juazeiro. Quando chegamos em Juazeiro papai teve uma aventura lá com uma mulher nós tivemos que sair de lá porque o negócio ficou meio preto pro lado dele, aí correu pra Juazeiro do Norte (ri). Aí chegando em Juazeiro do Norte, adoeceu uma irmã minha, quando a minha irmã melhorou eu adoeci, feio, mais três meses de despesa. Papai ficou sem nada. Quando eu fiquei bom, aí papai arrumou um emprego lá numa usina e machucou a mão, aí foi o fim; aí mamãe foi lavar roupa pra nos sustentar. Aí foi uma época difícil, mas como eu era pequeno pra mim tudo era bom. E eu tive muita sorte na minha vida que eu tive uma das piores doenças daquela época que era a bexiga, como chamavam, aquele negócio como catapora, grande, e era proibido chupar manga, o escambal, carne de porco, e um dia eu tava com tanta fome, vendo tudo e eu comi a carne de porco, chupei a manga e amanheci bonzinho no outro dia, até hoje. Tem outra que é uma aventura. Eu trabalhava com um vizinho lá e ele me chamou, um vizinho lá me convidou pra mim ajudar ele a cavar cacimba, cacimbão. Só que os cacimbão lá num é cacimba de 5 metros, 3 metros não, é de 60, 70 metros. E eu fui. Até que eu consegui fazer esse tipo de coisa. Eu cavava cacimba com 50, 60 metros, pra mim não tem problema nem altura nem a profundidade. Testei de tudo.

Uma coisa que eu tenho medo no meu tempo é de ficar velho, que estou ficando, mas eu não queria que o tempo passasse pra eu chegar a morrer, porque eu tenho filhos que pra mim, que eu chegue a morrer, o meu filho fica desamparado.

Quando eu vivia na estrada eu só tinha dois fator, de chegar ao meu destino e de cantar música sertaneja. Então eu não tinha muito tempo pra pensar. Agora, aqui não, aqui eu tenho, eu tenho tempo de pensar, eu tenho tempo de lembrar do passado, porque a minha idade tá fazendo com que eu queira capturar alguma coisa do meu passado pra poder meus netos ou bisnetos saber quem foi o progenitor deles, que o papai não tem, eu não conheço a história do papai, conheço até certo ponto, ele não deixou uma história, só se eu perguntar pra ele, num sei se ele vai ter tempo de contar. Então eu queria, queria não, quero deixar pros meus filhos como foi que o Rafael viveu, nasceu, cresceu, aonde foi, por onde ele andou, o que foi que ele aprontou, o que deixou de aprontar, o que eu queira aprontar, o que eu quero fazer, o que eu deixei de fazer, eu tenho vontade fazer... Do dia 7 de dezembro de 99 até hoje eu tenho muito mais tempo pra pensar, tive mais tempo pra deixar aquela parte grosseira que até então eu era, porque aqui eu vivo no meio de uma outra cultura, não é aquela cultura que eu tinha anterior de construção, de estrada, que tinha que ser todo mundo olho por olho, dente por dente, não, aqui eu entrei numa cultura diferente, então eu tive que me adaptar. Tive mais tempo pra ir me adaptando a cultura de vocês, por isso eu acho muito bom estar aqui no Alpendre e trabalhar aqui, porque eu aprendi muita coisa, porque eu num pensava de um dia ficar parado, conhecer gente.

Eu tenho mais história pra contar quando eu estava viajando, nas viagem que eu fazia, porque o deslocamento pra qualquer lugar já traz uma novidade, uma aventura. No caso, quando eu vivia na estrada, as história pra contar é de assalto, caminhoneiro bagunçava um com o outro, disputava na estrada, descia gente pra trocar tapa na estrada por causa de uma coisa... então são histórias pra contar, chegar numa cidade e parar em algum canto pra beber, pra divertir...Família saindo de locais porque não tava dando, a gente acha que ali era bom, e tem família que sai porque ali não dá pra nada, e vai pra outra cidade que a gente acha que é ruim e é boa pra eles... coisas assim. Carro no prego na estrada, passar de 10, 12 dias como eu já passei. Agora, parado não tem porque... A gente tando num trabalho fixo só vê praticamente aquilo que acontece ali em redor. Na estrada, em cada cidade que a gente chega é uma novidade, a cada fábrica que a gente entra pra fazer entrega é uma novidade, cada canto que a transportadora chega é uma novidade diferente, é uma coisa bonita que a gente vê dum lado, feia do outro, é carro virado prum lado, é gente auxiliando outros por outro lado, são coisas que a gente vê e pode contar.

A vida pra mim é muito rápida, eu queria que ela fosse muito mais longa. A nossa ansiedade pra poder ter uma vida maior a gente termina encurtando ela, eu queria que fosse muito longa, a minha vida, eu sempre brinco aqui vocês quero morrer com 150 anos, dando trabalho a meus netos, bisnetos. Na realidade era o que eu queria mesmo, mas a gente vê que a vida é curtinha. Eu olho pra mim vejo umas coisas engilhando aqui e aí a coisa fica meio russa, só que eu num desisto da idéia que se eu pudesse eu vivia 150 anos. A calma pra mim é o mandamento da vida, prolongar a vida, e ansiedade aquilo que a gente quer que aconteça que as vezes ela se prolonga muito mais, aí ela não acontece, então pra mim é um estrago de cabeça é a ansiedade porque ela quanto mais a gente quer que aconteça mais a coisa se prolonga, ela vai lá pra frente, vai lá pra frente, então pra mim a calma é o alongamento da vida.

Rafael

Pra aprender as coisas precisa tempo, porque o tempo..., porque a pessoa quando é novo não amadurece toda a responsabilidade da cabeça, não é que a pessoa queira, é porque eu quando era mais novo eu fazia barbaridade que depois eu ia perguntar "meu Deus, o que foi que eu fiz!" vivia me arrependendo do que fiz, como as vezes beber, gastar o dinheiro todo, aí dava um arrependimento danado, então ali eu num tava pensando. Hoje não, se eu por um acaso ainda bebesse muito, eu fazia o seguinte, pegava o dinheiro, deixava em casa, depois gastava a sobra. Então a gente tem que aprender com o tempo, o tempo é que ensina, amadurece a gente. O que eu aprendi dentro do Alpendre foi uma parte que eu tinha esquecido da minha cultura anterior. O que eu aprendi no Alpendre com a convivência de vocês, com os diretores, pessoas que visitam, a alegria de quem visita, as vezes a tristeza de quem visita, eu aprendi com vocês a observar vocês mesmos, porque com a minha experiência, como eu sou o mais velho que trabalho aqui, então eu aprendi que conheço vocês quando chegam com um problema e conheço vocês quando chegam contente. Então pra mim é uma honra tá trabalhando com vocês.

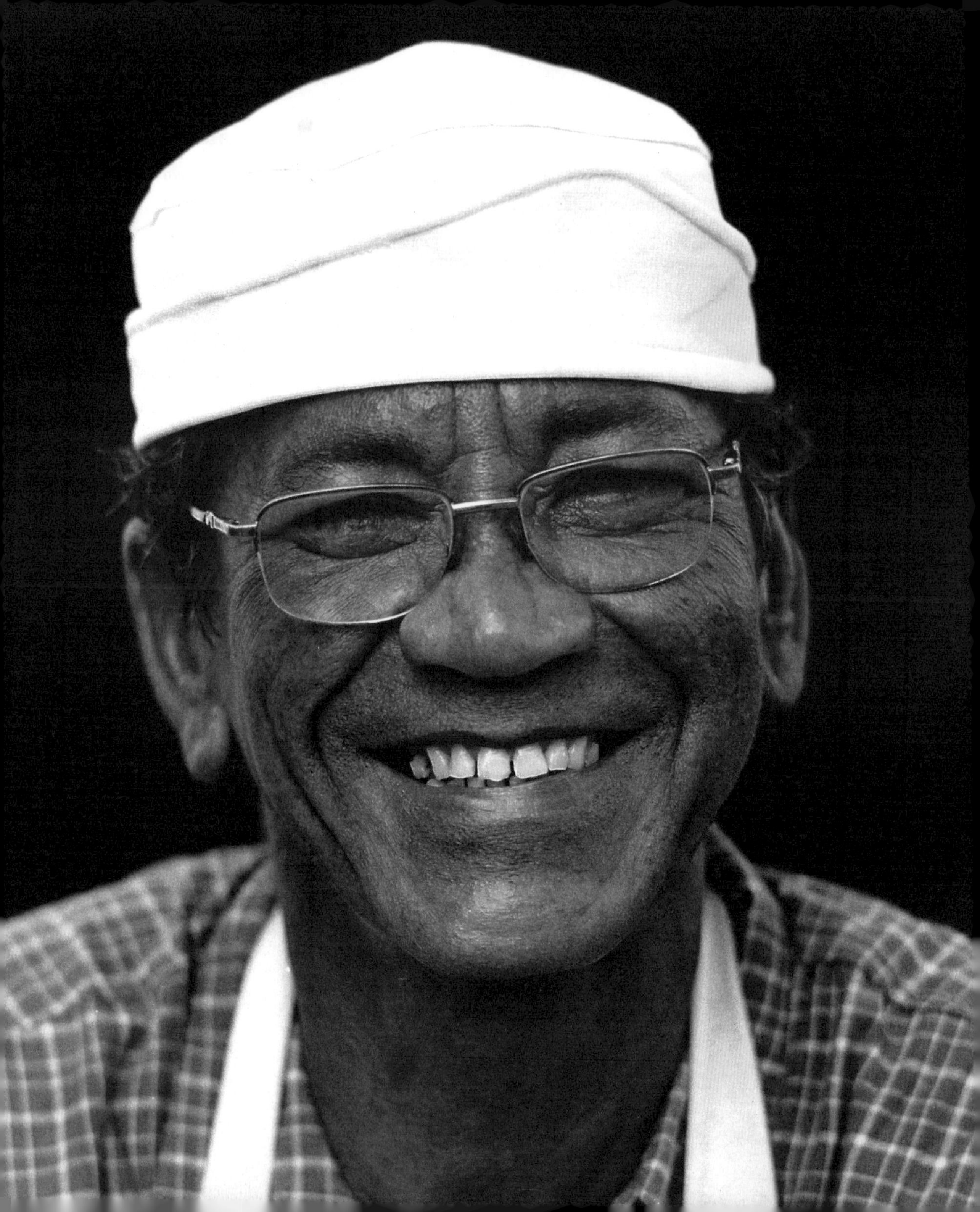

WAGNER

O meu nome é José Wagner Pereira, nasci no dia vinte do sete de quarenta e seis, trabalhei como motorista de ônibus 22 anos. Mas fiquei desempregado e resolvi botar um comércio pra mim, que foi o do mucunzá. E esse mucunzá tem me dado um resultado, por isso tô como ele até agora. Presto serviço para uma empresa com o corujão, entro de 11:50 e largo às 3:40. Então, quando saio da empresa já vou diretamente para o hotel César Park lá no Mucuripe; deixo a panela de mucunzá, vou pra casa, durmo um pouco, volto de novo, pego essa panela, vou pro café da manhã e vendo de novo. Vendo duas panelas de mucunzá por dia. Isso num carro meu; do meu carro quando saio de lá vou para o Castelão, do Castelão volto de novo para a Agüanambi. Com o dinheiro do mucunzá eu comprei um carro e já tô pensando em comprar uma camioneta maior e vou levando uma vida, quer dizer, com muita dificuldade, é muita luta mesmo, a gente trabalha noite e dia, mas a gente só vence a guerra com luta.

Quando eu era pequeno com meus avós tive uma experiência com cozinha e eu andando na Beira-Mar, conversando com certos empresários: "Olha, o que você sabe fazer?. "Eu faço mucunzá". "Umbora vê!'. Eu via minha vó fazer, mas num sabia o restante, porque ela fazia assim um mucunzá muito interiorano. Agora, eu fiz uma coisa mais moderna, uma coisa muito diferente.

A vida é um tempo aqui. Cada um tem um tempo determinado. Olha, o tempo hoje tá cada vez mais se abreviando. A gente vê os acontecimento: chove num canto, tremores, é guerra, é pai matando filho, é filho matando pai, é filho matando mãe, então tudo isso aí são abreviações. É vulcões, é o mar revoltado, é tremores, é fome, é peste, é guerra, tudo isso aí são exatamente a voz de Deus dizendo que já vem. O dono do tempo é Deus, Deus quem fez o tempo, ele dá a vida pra nós aproveitar esse tempo... Olha, o tempo às vezes passa mais rápido quando a gente tem muito compromisso. É o caso por isso que eu vendo mucunzá, se eu num pagar o carro o banco chega, toma, ou então vou pagar juro, vou pagar num sei o quê, e tal, chateação. Então, quando a gente tem muita responsabilidade a cumprir o tempo pra gente é bem abreviado também. Agora, quando a gente num tem essa preocupação de nada, aí não, o tempo é custoso...

No ônibus a gente anda ligeiro, bota o carro no horário e é ruim, a gente fica doido pra sair dali e o tempo num passa. Essa é minha experiência em cima de ônibus. Já com o mucunzá é diferente porque eu ando devagar, então em cada esquina que eu passo, 0,70 pra ali, 0,70 pra lá, dois conto pra ali, três conto pra acolá, seis conto pra acolá, oito conto pra lá, as vezes até dez; aí não, é diferente, o tempo passa tão rápido que a gente num quer que passe, a gente quer que chegue mais cedo.

Wagner

Quando você tá dirigindo que tem uma muita agitação, engarrafamento pra lá e pra cá, então aquele tempo ali realmente ele passa mais rápido, acontece que a gente se preocupa muito também pra não perder uma viagem porque quando a gente perde uma viagem numa empresa dessa daí, a primeira coisa que a gente vai é fora de escala, pra começo você perde logo quase 60,00 conto, então a gente se preocupa muito com isso daí; já no corujão é diferente porque a gente tá mais tranqüilo, num tem trânsito, a gente tem o tempo, então o ônibus anda de acordo com o movimento, se o movimento tá fraco então você tem que acompanhar fraco também. Se o movimento tá forte você tem que acochar o pé também, senão você não chega no horário.

Todos nós trabalhamos com o tempo, eu trabalho com o tempo também porque se eu chegar atrasado, um já merendou, outro já... às vezes acontece de um não merendou, mas tem que chegar naquele horário tudo certinho. Por exemplo, eu trabalho com o tempo aqui, porque eu saio sete horas mais ou menos, quando chegar lá no César Park tenho que estar mais ou menos nove e meia pra dez horas, se eu não tiver ali, então o pessoal já saíram tudinho, ou merendaram outras coisas, aí pronto!

Eu acho que uma coisa apressada é um negócio perigoso, uma coisa apressada é uma coisa que nada apressado presta não, nem pra beber água. (ri)

O tempo nosso tá relacionado num relógio, mas esse relógio num é um relógio biológico, é um relógio de Deus, mas pra nós aqui é um relógio biológico mesmo normal, mas o nosso tempo é uma coisa que só Deus sabe, é o relógio Dele. Todos nós precisamos de paciência, qualquer pessoa porque se nós perder a paciência nós faz loucura, besteira. A paciência é exatamente dá tempo às coisas. Tempo é dinheiro. A gente acha assim, quer dizer eu acho.

Olha, eu só tenho uma folga que é o sábado. Quando chega no domingo que eu me acordei, a minha folga é até as dez horas, depois de dez hora tem que fazer o movimento do mucunzá. Aí já tem que raspar coco, tem que botar milho de molho, tem que lavar panela, num é só pra mim também, tem outros carinho, tem um cargueira também. Aí então tem outros pessoas, filho meu, genro que atua na Santos Dumont, outro na Beira-mar, outro na Bezerra de Menezes, então isso aí a gente tem que fazer aquilo ali tudinho, e o responsável sou eu, não é só esse carrinho aqui não. No sábado livre é o seguinte, no sábado que eu estou livre geralmente eu penso... eu sou muito caseiro, as vezes eu penso de ir pro interior, prum canto assim, mas como eu num tenho ninguém no interior aí eu num saio, às vezes dou uma voltinha na praia, vou na casa de uma irmã e passou aquele tempinho eu volto pra casa de novo. Eu pretendo deixar o mucunzá e fazer uma marmitaria pra mim. Com a minha aposentadoria.

Olha, quando a gente é mais moço, ou seja, jovem, a gente realmente sente essa saudade assim... porque fui uma pessoa que toda vida quando eu fiz qualquer coisa eu sempre tive rendimento. Eu já possui no tempo que a bandeirada de táxi era 0,20, eu comecei a trabalhar na praça, eu fui uma pessoa que cheguei a ter seis fusquinha, ou seja, dois fuscão e quatro fusquinha. Então naquele tempo ali foi um tempo que a gente teve uma vida mais regalada, uma vida mais assim brincalhão, até me divertia mais, namorava mais, e etc. etc. até bebia naquela época, tinha mais namorada, no tempo da jovem guarda. Eu me lembro daquele tempo, o Memphis Clube era um tempo muito bom, tempo do Naycro... Pois é isso aí é um tempo bom. Aí o negocio hoje tá mais difícil, mesmo que a gente ganhe dinheiro, ou trabalhe, trabalhe, mas o negocio hoje tudo é difícil mesmo, é a roda pequena entrando na grande.

É porque naquele tempo não era que nem hoje, era um tempo completamente diferente, você saía pra qualquer um canto, pra uma festa, você voltava, você saía meia-noite pra casa do centro da cidade porque não tinha transporte, você chegava sem nem um problema. Hoje se você perder um transporte chegar em casa hoje a meia-noite, por exemplo aqui ou no centro da cidade, o centro da cidade é um maior deserto, é um dos maiores perigo que tem é o centro da cidade, aí fica difícil porque a pessoa vai ser atacado mesmo, num tem perigo. Então um tempo desse é tempo ruim, é um tempo que a pessoa num anda com tranqüilidade. Hoje inclusive é o seguinte, você num pode nem mostrar dinheiro pra ninguém mais, nada, nada, nada, você tem que viver pra comer; o tempo hoje é esse, comeu duas vezes e acabou-se, se apresentar alguma coisas já tá em perigo.

Eu desejo com a minha aposentadoria comprar só um terreno no interior, num final de semana pra mim ir descansar... tô falando da parte do meu desejo, a parte de descanso pra descansar, ter repouso.

Eu me acho uma pessoa feliz porque primeiro eu tenho uma boa esposa, tenho um relacionamento com ela, tenho relacionamento com filho, tenho relacionamento com meus cliente, tenho relacionamento com o povo do hotel, sou uma pessoa saudável, por isso eu me acho feliz e eu agradeço a Deus por isso.

Wagner

Eu sou uma pessoa que conheço a palavra de Deus e realmente tenho medo d'eu morrer se eu não me reconciliar com o Senhor. A vida pra gente é a gente ser uma pessoa honesta, ser uma pessoa trabalhador, se uma pessoa com bom coração, ser uma pessoa respeitador. Enfim, viver dignamente.

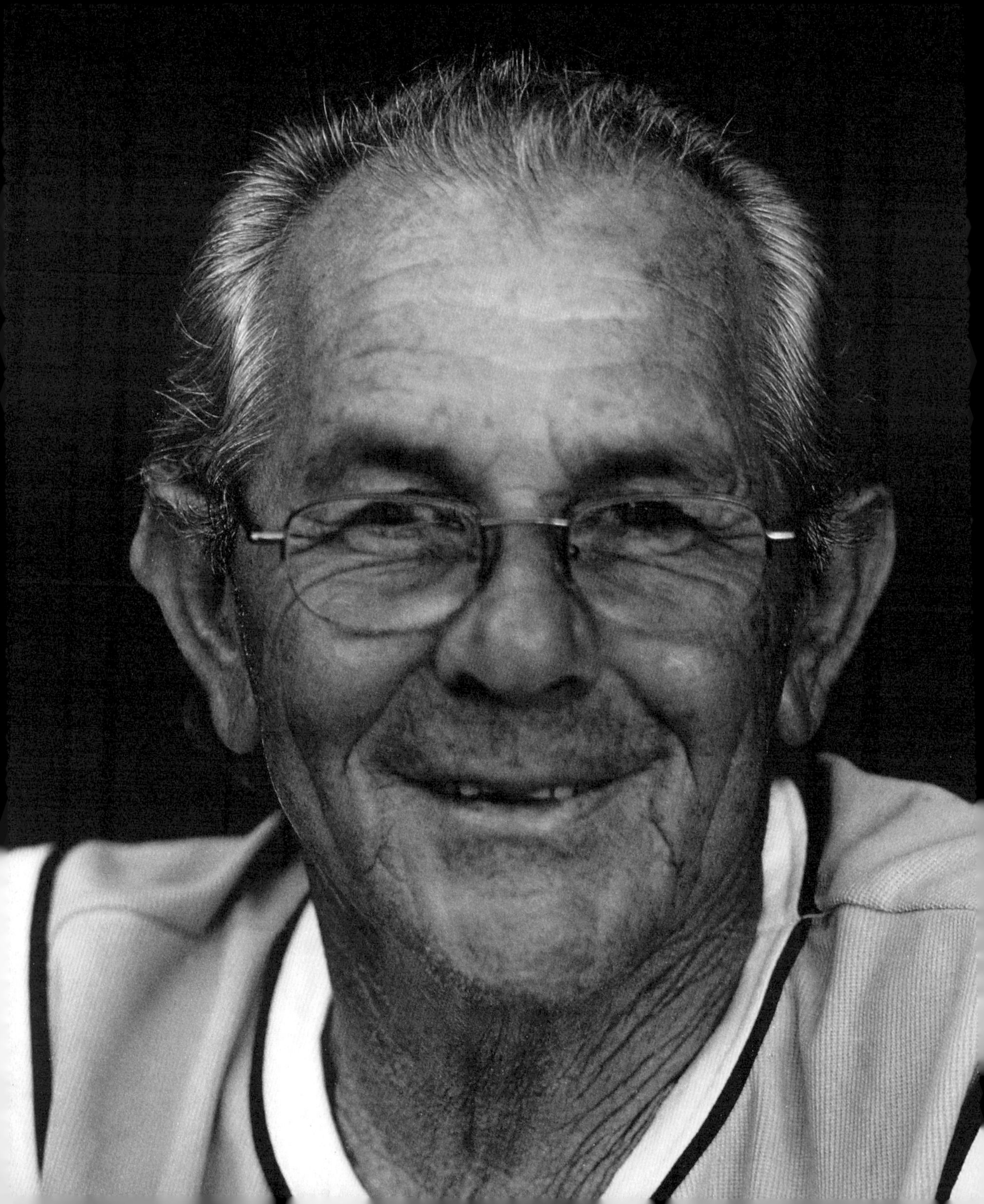

PEDRINHO

Meu nome é Pedro Alves Ferreira, vulgo Pedrinho. Eu nasci no município de Cascavel em Pitombeiras e com cinco anos de idade meu pai veio embora pra cá, nós fomos morar aqui na Paupina em 1949, depois nós moramos aqui num determinado lugar que chama Piçarra, logo APÓS ali a 6ª Regional, por ali por perto. Daí nós voltamos pra Pitombeiras novamente em 1952 pra 53. Aí o tempo muito ruim, seco total, nós viemos pra cá novamente, estamos aqui até hoje. Daqui, só que a gente se desloca, como eu já morei 11 anos no Rio de Janeiro, já morei 6 no Amazonas, enfim, mas que a minha convivência mais é aqui em Messejana mesmo.

Estou aqui nessa praça há dez anos consertando relógios. Eu aprendi por conta própria, apesar que depois cursei, eu já trabalhei dois anos na Técnos Relógios do Brasil, no Rio de Janeiro, quatro na Relojoaria Omega, dois na Cruz de OURO aqui em Fortaleza, sete na Ótica Alex, em frente à Secretaria de Segurança, três anos na Relojoaria Brasília em Manaus. O relógio tem suas devidas horas mas ninguém nem pode explicar porque até eu desconheço quando alguém pergunta quantos dias tem um ano e dizem que é 365 e seis horas, e o meu relógio nunca ultrapassou essas seis horas, sempre é normal. Porque no meu, se eu acertar agora, daqui há dez anos, quando chega meia noite do Ano Novo ele tá no mesmo horário, não teve acréscimo de hora, então não dá pra gente explicar qual é a diferença.

O relógio foi feito pra trabalhar certo, e nós, se tivermos um relógio dentro de nós, esse relógio se acelera de acordo com os nossos pensamentos, com os nossos exercícios físicos, e assim por diante. O relógio é mais preciso, ele tem que trabalhar certo. Ele não pode trabalhar errado, ele tem que trabalhar certo, sem adianto e sem atraso.

O tempo pra mim é o tempo num tem o que divulgar em nada, é o tempo. O tempo passa, nós vivemos no tempo. O tempo é quem nos conduz, sempre para o fim. O tempo não volta, o tempo só vai, por isso envelhecemos e morremos. Se o tempo me levasse e me trouxesse de volta nem envelhecia e nem morreria. O tempo vence tudo que o homem possa pensar.

Cada pessoa tem um tempo, agora, o tempo quem faz é ele. Se ele quiser viver muito ele faz por onde viver muito e se ele quiser viver pouco ele procura viver pouco. Tem dias que a gente pensa que passou mais rápido, que demorou mais, mas isso é devido à rotina da gente, o cansaço, o meu caso que já estou com quase 60 anos, a gente já se sente cansado da rotina que leva diariamente, então a gente pensa mesmo que às vezes aquele tempo correu mais rápido ou demorou mais, mas são só pressentimentos da gente.

Se eu pudesse eu gastaria meu tempo só com vaidade. Olha, pra mim a pior coisa que ficou no mundo foi casamento e trabalho. Essas são as piores coisas do mundo. Trabalho porque a gente tem que viver com o trabalho. Se a gente pudesse viver sem o trabalho seria muito bom, e casamento porque é muito perturbado, a mulher gosta muito de mandar na gente, por isso que eu me divorciei. Vaidade é tudo aquilo que me diverte, me distrai. Tudo que eu faço de bom pra mim. Porque a gente tem que aproveitar as ilusões do mundo, porque nós vivemos nele, é um mundo de ilusão, então gosto de aproveitar enquanto eu vivo nele porque depois de pifar, babau! (ri) Porque tudo neste mundo é ilusão, isso tudo tem fim, tudo tem fim. Você se ilude com uma camisa bonita, um par de sapatos, mas tudo tem fim. Você se ilude com uma mulher bonita mas também pode ser traiçoeira, traidora, que tudo é ilusão sua. Uma mulher, um ser humano, tudo é igual ao outro, só depende de responsabilidade e caráter. Todo mundo tem igualdade.

A gente vai ficando velho, as coisa tudo se modificam. A gente vai se sentar é "ai!" se vai se levantar é "ui!", "oh!". "Vou já dormir que tô cansado!". "Bota logo minha janta que eu já quero é dormir!". É diferente! O cabra quando é novo num pensa nisso não. Só pensa na vaidade, na alegria, na festa que vem pela frente. Quando fica velho só fica pensando: "Ah, meu Deus, tomara que já chegue o dia do meu aposento!" (ri). São esses os pensamentos do velho.

    O relógio precisa a pessoa já ter um pouco de curiosidade em ver como é que a pessoa trabalha; se ele não tiver também não faz nada. A qualquer uma pessoa que você entregar um relógio pra ele abrir ou mexer com aquelas peças ele é totalmente leigo, ele num sabe de coisíssima nenhuma. A pessoa só desenvolve a trabalhar com **RELÓGIOS** quando ele já tem também um pouco de noção. Ele vem todo dia aqui na minha banca, ele vê como é que eu trabalho, ele está aqui comigo, ele está vendo como é que eu trabalho, então ele já pega uma noção. É a mesma coisa pra dirigir, pra tudo que você vai fazer. Todo tipo de trabalho. Porque de inicio ninguém faz nada sem ter primeiro uma noção.

Muita paciência precisa-se ter pra mexer com relógio, muita responsabilidade porque existe relógio de cinco reais mas existe relógio de 5, 10 mil reais, e requer muita responsabilidade pra quem vai mexer com aquele relógio, trabalhar com aquele relógio; porque um relógio de cinco reais muitas vezes se quebra uma peça a gente nem encontra, quanto mais um de dez mil ou vinte mil como um relógio Rolex conforme o estilo dele pode chegar até 30 mil ou mais disso. Eu fui funcionário das Óticas Cruz de Ouro, em Fortaleza, que é o representante da Rolex. Eu peguei muitos relógios Rolex e por isso a gente tem que ter muita noção, muita responsabilidade pra trabalhar com um relógio daquele.

86

Pedrinho

Eu tanto faz estar com o relógio no braço aqui como tirar do braço e dar pra alguém: "tome, leve!". Eu não tenho paixão por objeto nenhum, eu só tenho paixão por quem gosta de mim, se não gostar também não é nada meu.

O que eu aprendi no meu trabalho continua comigo, num levei nada. O que eu aprendi as vezes eu até distribuo com alguém. É só canseira e dívida, isso foi o que eu aprendi no meu trabalho. Trabalho num me dá prazer de nada, o prazer do trabalho é porque se eu trabalhar eu como, se eu num trabalhar, babau. Primeiro meu avô dizia: "Quem trabalha não tem tempo de ganhar dinheiro!". Ontem eu falei com um senhor que é italiano e mora há 26 anos nos Estados Unidos, ele estava lá em casa e eu olhei para o jeito dele e falei: "O Brasil tem muita pobreza, né?". Aí ele balançou a cabeça que sim. Aí ele disse que nos Estados Unidos também tem pobreza, mas quis dizer que não assim como no Brasil. Por que? Porque uma hora de trabalho nos Estados Unidos a pessoa ganha oito dólares, equivalente, vamos dizer, 32 reais no nosso Brasil; então a pessoa uma hora de trabalho no Estados Unidos, almoça, janta ainda sobra dinheiro. E aqui um dia de trabalho do trabalhador ele nem almoça nem janta porque o dinheiro num dá. Vale muito menos, primeiro que aqui é real e lá é dólar, o tempo lá corre em dólar e aqui corre em real que é quatro vezes menos. (ri)

Eu gosto de andar apressado. Se eu andar devagar eu canso, eu gosto de andar apressado. Se eu pudesse todas as minhas viagens seriam de avião, daqui lá pra casa são dois quilômetros e meio, eu iria de avião. Detesto andar de ônibus e a pé. Tem coisas que eu faço com bastante calma. É só presta com calma. (ri) Sim, agora é que se fizer tem que ser com bastante calma pra não acelerar muito o organismo. (ri). Desculpa, desculpa, desculpa.

O mundo precisa é de muita calma. Olha, se o mundo fosse de calma não haveria as desordens, a criminalidade, a marginalidade, a prostituição que existe hoje. É que o pessoal são muito acelerado, o povo é muito acelerado, então ande apressado que é pra não ficar pra trás.

Ah! Os tempo que eu passo quando eu limpo a gaiolinha dos passarinhos que ponho comida nova e água, aí eu fico observando eles cantarem, aí fico ali, pra mim é bom, é como que eu rejuvenescesse, é uma nova luz que a gente recebe. Eles ficam cantarolando e eu observando. As vezes eu ponho até música pra eles se alegrarem também, num sei se eles cantam com raiva ou de alegria (ri), sei que eles cantam. E a vida é assim mesmo, a gente por mais que faz sempre é ruim e nunca fica jovem. E assim eu levo minha vida.

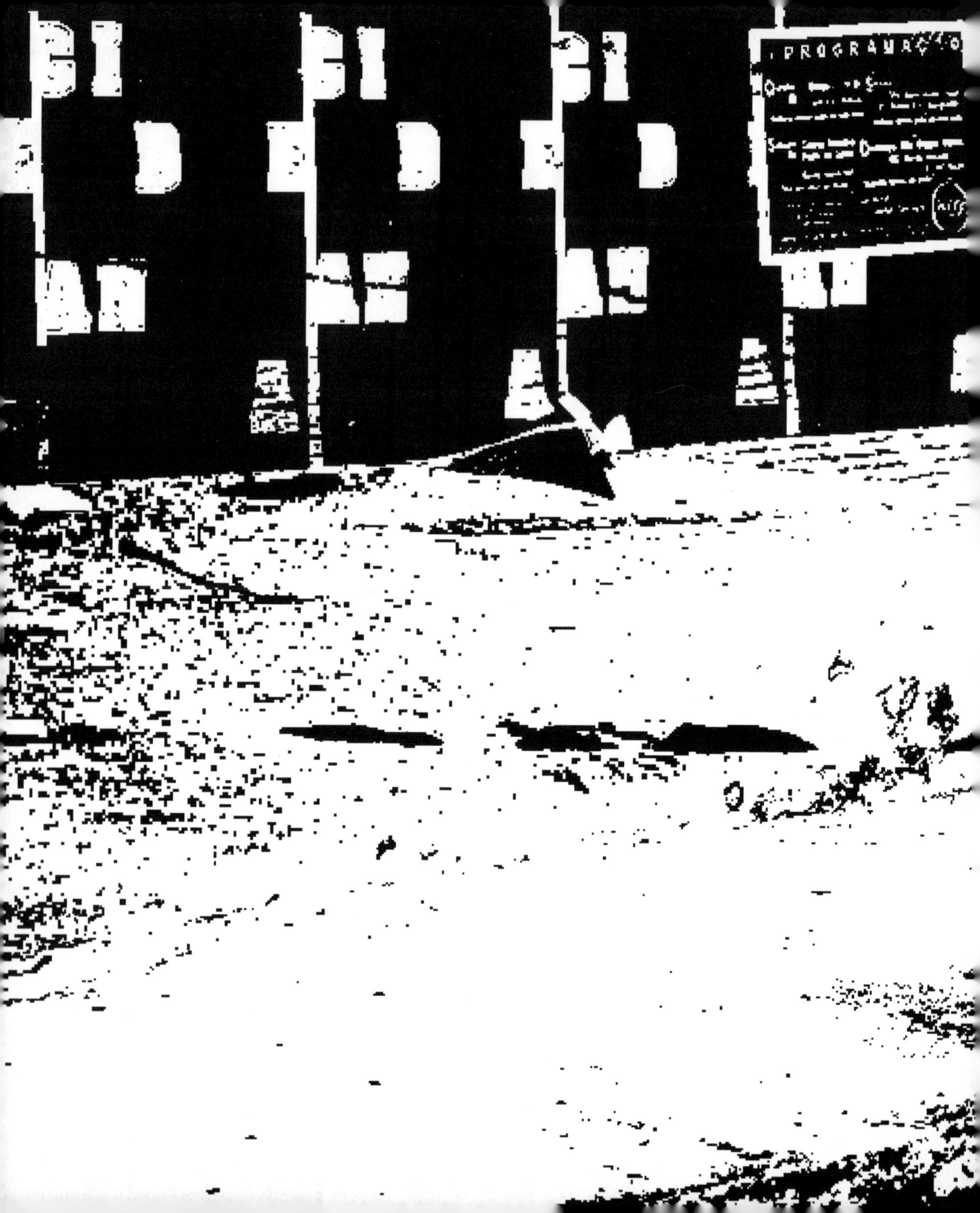
PROGRAMAÇÃO

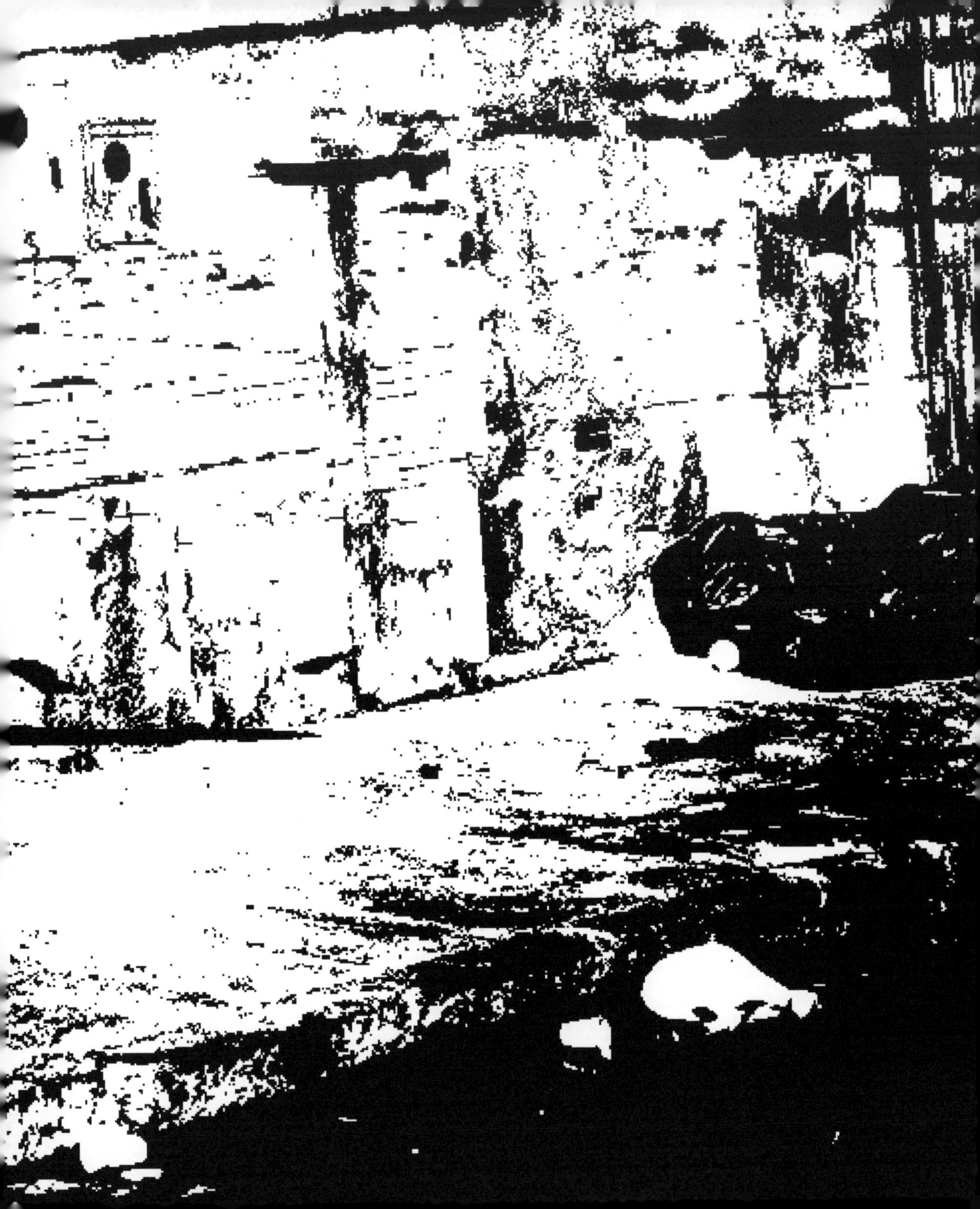

TELEMAR
100% brasileira

CEARÁ
GOVERNO DO ESTADO

Este projeto é apoiado pela Lei Estadual de Incentivo à Cultura no. 12.464 de 29.06.95 através da TELEMAR

Este projeto foi concebido em Fortaleza e impresso em São Paulo na Modelo Impressos, em dezessete de maio de dois mil e quatro, composta em Tarzana Narrow corpo onze, em papel off-set noventa gramas, com tiragem de mil exemplares.